中职英语教学策略与信息技术

潘道艾　张如珍　张　斌　著

河北大学出版社
·保定·

中职英语教学策略与信息技术

ZHONGZHI YINGYU JIAOXUE CELÜE YU XINXI JISHU

出 版 人：刘相美
责任编辑：冯喆圆
装帧设计：徐元清
责任校对：陈浩苏
文字编辑：李天雪
责任印制：常　凯

图书在版编目（CIP）数据

中职英语教学策略与信息技术 / 潘道艾，张如珍，张斌著. --保定 ：河北大学出版社，2024. 11.
ISBN 978-7-5666-2514-4
Ⅰ. G633. 412
中国国家版本馆 CIP 数据核字第 2024Y5T114 号

出版发行：河北大学出版社
地址：河北省保定市七一东路 2666 号
邮编：071000
电话：0312—5073019　0312—5073029
邮箱：hbdxcbs818@163. com
网址：www. hbdxcbs. com
印刷：涿州市般润文化传播有限公司
幅面尺寸：185 mm×260 mm
印张：10
字数：171 千字
版次：2024 年 11 月第 1 版
印次：2024 年 11 月第 1 次印刷
书号：ISBN 978-7-5666-2514-4
定价：43. 90 元

前 言

在当今全球化和信息化高速发展的时代，教育领域正经历着前所未有的变革。中职英语教学作为职业教育的重要组成部分，也面临着新的机遇与挑战。为了更好地满足社会对高素质技能型人才的需求，培养中职学生具备扎实的英语语言能力和跨文化交际能力，探索有效的教学策略与充分利用信息技术的融合已成为当务之急。

随着信息技术的不断进步，它为教育带来了创新的工具和丰富的资源。从多媒体教学软件到在线学习平台，从虚拟现实技术到智能教育应用，信息技术正在重塑教育的形态和方式。在中职英语教学中，信息技术不再仅仅是辅助教学的手段，而是成为推动教学改革、提升教学质量的关键力量。

然而，信息技术在中职英语教学中的应用并非一帆风顺。教师在面对琳琅满目的技术工具时可能会感到困惑，不知如何选择和有效地运用；学生在享受信息技术带来的便利的同时，也可能出现过度依赖、注意力分散等问题。此外，如何将信息技术与传统教学策略有机结合，发挥各自的优势，以达到最佳的教学效果，也是摆在教育工作者面前的重要课题。

正因如此，深入研究中职英语教学策略与信息技术的关系显得尤为重要。本著作旨在探讨如何充分利用信息技术的优势，创新中职英语教学策略，激发学生的学习兴趣，提高教学效率，培养学生的自主学习能力和综合语言运用能力。通过对相关理论的研究、实践案例的分析以及对未来发展趋势的展望，为广大中职英语教师提供有益的参考和启示，共同推动中职英语教学的发展，为培养适应时代需求的优秀人才贡献力量。

编者

目 录

第一章　中职英语教学概述

中职英语教学是促进学生综合素质提升的重要途径。通过英语学习，培养学生的跨文化交际意识、批判性思维能力、自主学习能力等，为学生的未来发展打下坚实的基础。

第一节　中职英语教育的目标与定位

一、中职英语教育的目标

中职英语教育的目标指的是在中等职业教育阶段，通过英语教学活动期望学生达成的一系列具体成果和能力水平。中职英语教育的目标包括以下内容。

(一)语言知识与技能目标

1. 词汇与语法

学生应掌握一定量的基础词汇和常用语法结构，能够正确理解和运用这些词汇和语法进行简单的书面和口头表达。这不仅包括常见的生活用语，还应涵盖与专业相关的词汇和语法知识。

2. 听说读写能力

(1)听力方面，能够听懂日常生活和职业场景中的简单对话、指令，捕捉关键信息。例如在酒店工作场景中，能听懂客人的需求和要求。

(2)口语方面，能够进行日常交流，如自我介绍、谈论兴趣爱好等，同时能在职业情境中运用恰当的语言完成工作任务，如接待顾客、提供服务等。

(3)阅读方面，能够读懂简单的文章、通知、说明书等，获取主要内容和关键细节。

(4)写作方面，能够书写简单的书信、便条、报告等，表达清晰、语法正确。

(二)职业应用目标

1. 专业英语能力

根据学生的专业方向，如汽修、烹饪、护理等，培养其在专业领域内运用英语的能力。例如，汽修专业的学生能看懂英文的汽车维修手册，护理专业的学生能理解英文的医疗护理说明。

2. 跨文化交际

了解不同文化背景下的商务礼仪、工作习惯和沟通方式，能够与来自不同文化的人进行有效的工作交流，避免因文化差异而产生误解和冲突。

3. 职场英语素养

培养学生在职场中所需的英语素养，如团队协作中的英语沟通、工作汇报中的英语表达、职场礼仪中的英语用语等。

(三)学习策略与自主学习目标

1. 学习方法

教导学生掌握有效的英语学习方法，如记忆技巧、阅读策略、听力训练方法等，提高学习效率。

2. 自主学习

培养学生的自主学习意识和能力，使他们能够在课堂之外主动学习英语，利用网络资源、英语学习软件等进行自我提升。

(四)情感态度与价值观目标

1. 学习兴趣

激发学生对英语学习的兴趣，让他们认识到英语在个人发展和职业规划中的重要性，从而积极主动地投入学习。

2. 自信心

通过成功的学习体验和鼓励，帮助学生建立学习英语的自信心，克服怕失误而不敢表达的心理障碍。

3. 文化意识

培养学生对英语国家文化的了解和尊重，拓宽国际视野，增强文化包容和理解能力。

4. 职业道德

在英语教学中渗透职业道德教育，如诚实守信、严谨负责等，培养学生在未来职业中的良好道德品质。

综上所述，中职英语教育的目标是多维度的，旨在培养学生具备扎实的语言基础、职业应用能力、良好的学习习惯和积极的情感态度，为他们的职业发展和个人成长奠定坚实的基础。

二、中职英语教育的定位

中职英语教育的定位指的是在整个中等职业教育体系中，为英语教育所明确的特定角色、功能和价值取向。

（一）服务于职业技能培养

中职教育的核心目标是培养学生具备特定职业所需的技能。英语教育在其中的定位是作为辅助工具，帮助学生更好地掌握与职业相关的英语知识和技能。

例如，对于酒店管理专业的学生，英语教育的定位是使他们能够熟练运用英语进行酒店服务中的接待、沟通和问题处理；对于电子商务专业的学生，定位在于让他们能够读懂英文商务文件、用英语进行线上商务交流。

这意味着开展英语教学内容要紧密围绕职业场景和实际工作任务，注重实用性和针对性。

（二）满足就业市场需求

(1)中职教育旨在为学生提供直接就业所需的能力。英语教育的定位需要根据就业市场对不同专业中职毕业生英语水平的要求来确定。

(2)如果某些行业或企业对中职生的英语能力有明确的要求，如外贸行业要求员工具备一定的英语读写和沟通能力，那么中职英语教育就要侧重培养这些方面的能力。

(3)这就要求学校和教师密切关注就业市场动态，及时调整英语教学的重点和方向，以提高学生的就业竞争力。

（三）注重实践应用

(1)区别于普通高中英语教育对语法、词汇等理论知识的强调，中职英语教育更侧重实践应用。

(2)培养学生在实际情境中运用英语解决问题的能力，例如模拟职场面试、商务谈判、工作汇报等场景进行英语训练。

(3)强调学生的口语表达、听力理解和简单的书面交流能力，使他们能够在工作中有效地运用英语进行基本的沟通和业务处理。

（四）适应学生基础和发展需求

(1)考虑到中职学生的英语基础普遍相对薄弱，且个体差异较大，英语教育的定位要具有适应性。

(2)对于基础较差的学生，重点是夯实基础，培养学习兴趣和信心；对于基础较好的学生，可以提供拓展和深化的学习内容，如行业前沿的英语资讯。

(3)同时，要关注学生的未来发展需求，不仅满足当前就业的需要，还要为学生未来可能的职业晋升、继续教育或职业转换做好一定的英语能力储备。

（五）与专业教育融合

(1)中职英语教育不是孤立存在的，而是要与学生所学的专业课程深度融合。

(2)其定位是在专业教学中发挥支持和促进作用，帮助学生更好地理解和掌握专业知识、拓宽专业视野。

例如，在机械制造专业中，英语教育要帮助学生理解进口设备的英文说明书、操作手册；在烹饪专业中，要让学生了解国际美食文化和相关的英文菜谱。

总之，中职英语教育的定位是在中等职业教育的大框架下，以职业为导向，以实践应用为重点，适应学生特点和市场需求，与专业教育协同发展，为培养具有一定英语应用能力的职业技能人才服务。

第二节　中职英语教学的特点

一、职业导向性

(1)教学目标明确指向职业需求：中职英语教学的首要特点是紧密围绕学生未来的职业发展。课程设计旨在让学生掌握能够在其所学专业领域内实际运用的英语技能，而非单纯追求语言知识的系统性和完整性。

(2)行业英语内容丰富：根据不同专业，如旅游、汽修、烹饪、护理等，开设具有针对性的行业英语课程。例如，旅游专业的学生要学习酒店预订、景点介绍等相关英语表达；汽修专业的学生则侧重学习汽车零部件、维修手册方面的英语术语。

(3)教材与职业场景结合：选用的教材通常包含大量真实的职业场景案例和任务，通过模拟工作中的实际情境，如商务谈判、客户服务、技术说明等，让学生在学习过程中提前适应未来的工作环境。

二、学生基础差异大

(1)入学英语水平参差不齐：中职学生的来源较为广泛，他们在初中阶段的英语学习基础、学习习惯和学习能力存在较大差异。有些学生可能具备一定的语法和词汇基础，但听说能力较弱；而另一些学生可能在各个方面都相对薄弱。

(2)学习动机和兴趣多样化：学生选择中职的原因各不相同，对英语学习的动机和兴趣也各有侧重。部分学生可能因为对未来职业的期待而有较强的学习动力；而有些学生可能对英语学习缺乏热情，认为与自己的专业关系不大。

(3)个体学习需求差异明显：由于基础和兴趣的不同，学生在英语学习方面的需求也呈现出多样化。有的学生需要重点弥补基础知识；有的则更渴望提升口语交流或专业英语应用能力。

三、实用性突出

(1)强调语言的交际功能：教学重点在于培养学生运用英语进行实际交流的能力，注重口语表达和听力理解的训练，使学生能够在日常生活和职业场景中有效地与人沟通。

(2)注重实用文体的教学：例如求职信、商务邮件、工作报告等实用文体的写作教学占据重要地位，让学生能够在工作中用英语进行书面表达。

(3)结合生活和工作实例：教学中会引入大量与生活和工作实际相关的例子，如购物、旅游、职场交流等，让学生在具体情境中理解和运用英语。

四、教学方法多样化

(1)情景教学法广泛应用：通过创设逼真的职业或生活场景，让学生在情境中感受和运用英语，增强语言的实际运用能力和应对真实场景的能力。

(2)项目教学法激发实践能力：以具体的项目任务为驱动，如策划一场英语主题的商务活动、制作一份专业领域的英语宣传资料等，培养学生的团队协作、问题解决和综合语言运用能力。

(3)小组合作学习促进互动：将学生分成小组，共同完成学习任务，鼓励学生相互交流、讨论和互助，提高学习积极性和合作能力。

(4)多媒体辅助丰富教学资源：利用图片、音频、视频等多媒体资源，使教学更加生动形象，吸引学生的注意力，增强学习效果。

五、注重实践训练

(1)模拟职场实践活动：组织模拟面试、商务谈判、产品介绍等活动，让学生在近似真实的工作场景中锻炼英语应用能力。

(2)校内外实习中的英语运用：安排学生参与校内外的实习活动，在实际工作环境中运用所学英语知识，如酒店实习中的接待服务、工厂实习中的操作说明理解等。

(3)语言实验室和实训基地的利用：充分利用学校的语言实验室和实训基地，提供更多的实践机会和真实的语言环境，让学生进行反复练习和实践操作。

六、评价方式多元化

(1)形成性评价与终结性评价相结合：不仅关注期末考试成绩，还重视学生在学习过程中的表现，包括课堂参与、作业完成情况、小组项目成果等，及时给予反馈和鼓励。

(2)实践能力考核：通过实际场景中的口语表达、书面写作、任务完成情况等方式，考核学生的英语实践能力和应用水平。

(3)自我评价与互评：鼓励学生进行自我评价，了解自己的学习进展和不足；同时开展小组内和小组间的互评，培养学生的合作意识和评价能力。

(4)行业认证与资格考试：引导学生参加与职业相关的英语资格考试或行业认证，如商务英语证书、旅游英语等级考试等，以检验学生的学习成果和职业英语水平。

七、与专业课程融合

(1)课程内容相互渗透：英语教学内容与专业课程内容相互交叉和渗透，例如在护理专业的英语课中讲解医学护理的专业词汇和常用语句，同时在专业课上也会适当引入英语元素，强化英语的应用。

(2)教师团队协作：英语教师与专业教师密切合作，共同制订教学计划、设计教学活动和评价方式，确保英语教学与专业教学的无缝衔接。

(3)跨学科项目开展：组织跨学科的项目学习，要求学生综合运用英语和专业知识解决实际问题，培养学生的综合素养和跨学科能力。

八、强调行业英语词汇

(1)专业词汇系统教学：针对不同专业，系统地教授与该专业密切相关的英语词汇，包括名词、动词、形容词等，并注重词汇的发音、拼写和用法。

(2)词汇更新与拓展：随着行业的发展和技术的进步，不断更新和拓展行业英语词汇，让学生了解最新的专业术语和表达。

(3)词汇应用训练：通过词汇填空、翻译、造句等练习，加强学生对行业英语词汇的理解和运用能力，确保他们能够在实际工作中准确、流畅地使用相关词汇。

第二章　信息技术在中职英语教学中的应用优势

信息技术在中职英语教学中的应用优势是指将现代信息技术手段(例如多媒体、网络、在线学习平台、教学软件等)引入中等职业学校的英语教学过程中所带来的有利之处和突出特点。它强调了信息技术与中职英语教学相结合所产生的积极影响，包括但不限于对教学效果的提升、学生学习体验的改善、教学资源的丰富、教学模式的创新等方面。通过分析这些优势，可以更好地认识到信息技术如何促进中职英语教学的发展，提高教学质量，满足学生的学习需求，使中职英语教学更加适应学生的特点和时代的发展。

第一节　丰富的教学资源

信息技术为中职英语教学带来了极为丰富的教学资源，主要体现在以下几个方面。

一、多媒体素材的广泛获取

(1)互联网上存在着海量的图片、音频和视频资源。教师可以轻松获取与教学主题相关的生动图片，帮助学生直观地理解词汇和概念。例如，在讲解“animals”这个主题时，可以展示各种动物的清晰图片，增强学生的记忆。

(2)丰富的英语音频素材，例如英语原声新闻、广播剧、有声读物等，能够让学生接触到真实的语音语调，提高听力水平。

(3)精彩的英语视频，包括电影片段、纪录片、教学视频等，为学生创造了真实的语言环境，让他们在观看中感受英语的实际运用。

二、在线课程与教育平台

(1)众多在线教育平台提供了系统的中职英语课程，涵盖听、说、读、写各个方面。这些课程通常由专业的教育团队制作，教学内容规范且具有针对性。

(2)平台上还常常有针对不同英语水平和学习目标的课程分类，教师可以根据学生的具体情况选择合适的课程推荐给学生，实现个性化教学。

三、电子教材与数字图书馆

(1)电子教材不仅便于携带和保存，还能整合多媒体元素，例如音频、视频、动画等，使教材内容更加生动有趣。

(2)数字图书馆提供了大量的英语书籍、杂志、报纸等，学生可以根据自己的兴趣和需求进行阅读，拓宽英语知识面。

四、教学软件与工具

(1)有专门用于英语词汇学习、语法练习、口语训练等的教学软件。这些软件通过游戏、竞赛等形式增加学习的趣味性，提高学生的参与度。

(2)语音识别软件能够帮助学生纠正发音，实时反馈学生的口语表现，让学生及时改进。

五、实时更新的资源

(1)网络资源能够及时反映社会热点和最新的语言用法。教师可以将这些新鲜的内容引入课堂，使教学更具时代感和实用性。

(2)行业动态和最新的专业英语资料也能迅速获取，满足不同专业学生对英语学习的特殊需求。

六、全球资源共享

(1)借助信息技术，教师和学生可以获取来自世界各地的优质教学资源，了解不同国家和地区的英语教学方法和文化背景。

(2)国际交流项目和在线合作学习的机会增多，学生能够与其他国家的学生共同学习和交流，拓宽视野。

综上所述，信息技术极大丰富了中职英语教学资源，能够为教师提供更多的教学选择，为学生创造更广阔的学习空间，有助于提升教学质量和学习效果。

第二节　增强教学趣味性

信息技术在中职英语教学中的应用能够显著增强教学的趣味性，主要体现在以下几个方面。

一、多媒体呈现形式

(1)运用丰富的图像、色彩和动画：通过精美的图片、生动的动画演示，将抽象的英语知识具象化。例如，在讲解动词的时态变化时，可以用动画展示一个人从早上起床到晚上睡觉的一系列动作，配合不同的时态表述，使学生更直观地理解。

(2)引入有趣的视频剪辑：利用电影、电视剧、动画片等视频资源中的精彩片段，吸引学生的注意力。例如，播放一段热门的英语动画片，让学生在欣赏的同时学习其中的英语表达。

二、互动式学习体验

(1)教育游戏和竞赛：设计与英语学习相关的游戏，如单词拼写比赛、语法知识竞赛等，让学生在竞争中积极参与，增强学习的主动性。

(2)在线互动练习：通过在线平台提供互动式的练习题，学生可以即时得到反馈，增加学习的成就感。例如，学生答对题目会有奖励动画或鼓励音效，答错会有提示动画和提示音效。

三、虚拟学习环境

(1)利用虚拟现实技术(VR)和增强现实技术(AR)创建虚拟场景：可模拟国外的街道、商场、学校等环境，让学生仿佛身临其境，进行真实的英语交流。

(2)角色扮演：在虚拟场景中，学生可以选择不同的角色，根据设定的情境进行对话和互动，增加学习的趣味性和代入感。

四、个性化学习路径

(1)根据学生的兴趣爱好定制学习内容：例如，如果学生对音乐感兴趣，可以为其推送英语歌曲及相关的学习资料；如果喜欢体育，可以提供体育赛事的英语报道。

(2)适应不同学习风格：对于视觉型学习者，提供更多的图像和视频；对于听觉型学习者，提供丰富的音频资源。

五、实时反馈与激励机制

(1)学习软件的即时评价：学生在完成练习或任务后，能立即得到软件给出的评价和建议，了解自己的学习情况。

(2)积分和奖励系统：设立积分、勋章、等级等奖励机制，激励学生积极参与学习，就像玩游戏升级一样，让学习变得更有乐趣。

六、社交学习元素

(1)在线学习社区和小组：学生可以在网络平台上与同学交流学习心得、分享学习资源，形成良好的学习氛围。

(2)与外教或英语母语者在线交流：通过视频通话等方式，让学生直接与外教或英语母语者互动，感受真实的语言交流环境，提高学习兴趣。

综上所述，信息技术能够为中职英语教学注入更多的趣味性元素，使学习过程变得更加生动、有趣、富有吸引力，从而激发学生的学习热情和积极性，提高教学效果。

第三节　个性化学习支持

信息技术在中职英语教学中为学生提供了个性化学习支持，这具有诸多显著优势，具体表现如下。

一、自适应学习系统

(1)精准评估：通过在线测试、练习和学习记录，自适应学习系统能够准确评估学生的英语知识水平、技能掌握程度以及学习风格和偏好。

(2)定制学习路径：根据评估结果，为每个学生量身定制个性化的学习路径。例如，对于语法薄弱的学生，系统会推送更多语法强化练习；对于听力较差的学生，则会增加听力训练内容。

(3)动态调整：随着学生的学习进展和能力提升，系统能够实时动态调整学习内容和难度，确保学习始终具有挑战性和适应性。

二、学习进度自主控制

(1)灵活安排时间：学生可以根据自己的日程和学习节奏，自由选择学习的时间和地点。这对于有兼职工作或其他特殊情况的中职学生来说尤为重要。

(2)按需重复学习：对于难以理解的知识点，学生可以自行决定重复学习的次数和深度，直到完全掌握为止。

(3)跳过已掌握内容：如果学生已经熟练掌握了某些部分，能够快速跳过，将更多时间用于薄弱环节的学习。

三、资源个性化推荐

(1)基于兴趣：根据学生的兴趣爱好，例如音乐、电影、体育等，推荐相关主题的英语学习资源，如英语歌曲、电影台词、体育赛事报道等，提高学习的积极性。

(2)针对专业需求：结合学生所学的专业，例如汽修、烹饪、护理等，推送与专业相关的英语词汇、文献、案例等，增强学习的实用性。

(3)依照能力水平：按照学生的实际英语能力，推荐适合难度的阅读材料、听力练习、写作任务等，避免学习内容过难或过易。

四、个性化反馈与辅导

(1)即时反馈：在线学习平台能够在学生完成练习和作业后立即给出详细的反馈，包括答案解析、错误原因分析和改进建议。

(2)一对一辅导：通过网络教学工具，教师可以针对每个学生的问题进行一对一的辅导和答疑，满足其个性化的学习需求。

(3)跟踪学习轨迹：教师可以通过学习管理系统跟踪学生的学习轨迹，了解其学习习惯和存在的问题，从而提供更具针对性的指导和支持。

五、满足特殊学习需求

(1)学习障碍支持：对于有学习障碍的学生，例如阅读障碍、注意缺陷多动障碍等，信息技术可以提供辅助工具和特殊的学习模式，帮助他们克服困难。

(2)语言基础差异：对于来自不同地区、具有不同英语基础的学生，能够根据其起点提供差异化的学习起点和逐步提升的方案。

综上所述，信息技术在中职英语教学中的应用能够充分满足学生的个性化学习需求，提高学习效果，帮助每个学生在英语学习中发挥最大潜力，实现自身的学习目标。

第四节　提升教学效率

信息技术在中职英语教学中的应用对于提升教学效率具有显著优势，主要体现在以下几个方面。

一、备课资源整合

(1)快速搜索与筛选：教师可以通过互联网轻松搜索到大量与教学内容相关的资料，例如优质课件、教案、练习题等，并能迅速筛选出符合教学目标和学生水平的资源。

(2)多媒体素材集成：将图片、音频、视频等多媒体素材整合到教学课件中，节省了教师自行制作的时间，同时使教学内容更加丰富和生动。

二、教学内容呈现

(1)电子白板与投影仪：利用电子白板和投影仪，教师可以直接在屏幕上进行书写、标注和演示，无须频繁板书，节省了课堂时间，提高了教学的流畅性。

(2)课件展示：精心制作的多媒体课件能够更清晰、有条理地呈现教学重点和难点，使学生更容易理解和掌握，减少了教师反复讲解的时间。

三、作业与测试批改

(1)在线作业平台：通过在线平台布置作业和测试，系统能够自动批改客观题，大大减轻了教师批改作业的工作量，使教师能够更快速地了解学生的学习情况。

(2)数据分析：平台可以对学生的答题情况进行数据分析，为教师提供详细的统计报告，例如错题分布、知识点掌握情况等，帮助教师精准定位教学中的问题，有针对性地进行辅导和强化。

四、教学管理

(1)学生信息管理：利用教学管理软件，教师可以方便地记录和跟踪学生的学习成绩、出勤情况、课堂表现等信息，提高了教学管理的效率和准确性。

(2)教学计划安排：软件可以帮助教师制订教学计划，设置课程进度提醒，确保教学按计划有序进行。

五、沟通与反馈

(1)在线交流工具：教师和学生可以通过电子邮件、即时通信工具等随时进行沟通，学生能够及时向教师请教问题，教师也能快速给予回复和指导。

(2)家长沟通：借助信息技术，教师可以更便捷地与家长分享学生的学习情况，实现家校共育，共同促进学生的学习进步。

六、资源共享与团队协作

(1)校内资源库：学校可以建立内部的教学资源库，教师之间能够共享优秀的教学资源和经验，避免重复劳动，提高整体教学质量。

(2)跨校合作：通过网络，不同学校的教师可以开展合作教研活动，共同探讨教学方法和策略，互相学习和借鉴，提升教学水平。

综上所述，信息技术的应用能够为中职英语教学带来诸多便利，从备课、教学到评价、管理等各个环节都大大提高了工作效率，使教师能够将更多的精力投入到教学创新和学生个性化指导上。

第五节　促进互动与合作

信息技术在中职英语教学中的应用极大地促进了互动与合作，具体表现在以下几个方面。

一、师生互动增强

(1)即时通信工具：通过电子邮件、即时聊天软件等，学生可以随时向教师提问，教师能够及时解答，打破了课堂时间的限制。

(2)在线学习平台反馈：学生在完成在线作业、测试或参与讨论后，教师可以迅速给予针对性的评价和反馈，让学生及时了解自己的学习情况。

(3)视频会议：利用视频会议软件，教师可以与学生进行面对面的交流，就像在课堂上一样，进行辅导、答疑或开展小组讨论。

二、学生间互动频繁

(1)在线讨论区：学习平台上的讨论区为学生提供了交流的空间，他们可以就学习内容发表观点、分享经验，共同探讨问题。

(2)小组协作项目：借助在线协作工具，学生可以分组完成项目任务，例如共同撰写英语报告、制作英语演示文稿等，培养团队合作能力。

(3)社交学习网络：学生可以通过社交媒体或专门的教育社交平台，结交英语学习伙伴，互相鼓励、监督和交流学习心得。

三、跨地域合作机会增多

(1)网络交流活动：学校可以组织与其他地区中职学校的在线交流活动，学生能够与不同地域的同龄人用英语交流，拓宽视野。

(2)国际合作项目：利用信息技术，参与国际学校之间的合作项目，共同完成英语学习任务，了解不同国家的文化和教育方式。

四、互动形式多样化

(1)在线投票：教师可以发起关于某个英语话题的在线投票，让学生快速表达自己的观点，了解大家的想法。

(2)知识竞赛：通过在线知识竞赛平台，组织学生进行英语知识竞赛，激发竞争意识，增强互动的趣味性。

(3)虚拟角色扮演：在虚拟环境中，学生扮演不同角色进行英语对话，模拟真实场景中的交流。

五、提升合作效果

(1)实时协作编辑：在共同完成作业或项目时，学生可以通过在线文档进行实时协作编辑，方便快捷地整合各方意见和成果。

(2)任务分配与跟踪：在线协作工具能够明确小组内成员的任务分工，并实时跟踪任务进度，确保合作顺利进行。

六、培养沟通与合作能力

(1)在频繁且多样化的互动与合作中，学生锻炼了用英语表达自己、倾听他人、协商解决问题等沟通能力。

(2)学会分工协作，发挥各自优势，提高团队合作的效率和质量，为未来的职业发展和社会交往打下基础。

综上所述，信息技术能够为中职英语教学创造更丰富、便捷和高效的互动与合作环境，有助于提高学生的学习积极性和综合能力。

第六节　模拟真实语言环境

信息技术在中职英语教学中的应用能够有效地模拟真实语言环境，为学生提供更加身临其境的学习体验，其优势主要体现在以下几个方面。

一、虚拟现实技术和增强现实技术的应用

(1)场景重现：通过 VR 和 AR 设备，学生仿佛置身于真实的英语国家街头、商店、学校等场景中，与虚拟角色进行交流互动。

(2)感官刺激：这种沉浸式体验不仅提供视觉和听觉上的感受，还可能包括触觉等多种感官的模拟，增强学生对语言环境的感知和记忆。

(3)突破时空限制：让学生无须亲身前往异国他乡就能体验到不同的文化和语言环境，拓展了学习的可能性。

二、多媒体资源的整合

(1)音频和视频材料：丰富的英语原声电影、电视剧、纪录片、新闻报道等资源，为学生展现真实的语言使用场景，包括语音语调、语速、用词习惯等。

(2)网络直播和在线视频通话：学生可以观看英语国家的现场活动直播，或者与英语母语者进行在线视频通话，感受实时的交流氛围。

三、语言情境创设

(1)软件模拟：利用专门的教学软件，创设各种实际的语言情境，例如购物、旅游、求职面试等，让学生在模拟情境中进行角色扮演和交流。

(2)互动游戏：通过语言类互动游戏，学生在完成任务的过程中应对不同的语言情境，提高语言运用的灵活性。

四、文化元素融入

(1)展示风俗习惯：在模拟环境中，融入英语国家的传统节日、礼仪、生活方式等文化元素，帮助学生理解语言背后的文化内涵，从而更准确地运用语言。

(2)对比文化差异：通过模拟不同文化背景下的交流场景，让学生直观地感受文化差异，避免因文化误解导致的语言使用不当。

五、个性化场景定制

(1)根据学生兴趣和专业需求：为不同专业的学生定制与其专业相关的真实语言场景，例如商务英语专业的商务谈判、旅游英语专业的导游服务等。

(2)适应不同水平：根据学生的英语水平，调整场景的难度和复杂度，确保每个学生都能在与自身能力匹配的环境中得到锻炼。

六、增强学习动机和自信心

(1)真实体验感：模拟真实语言环境能够激发学生的学习兴趣和好奇心，使他们更主动地参与学习。

(2)成功体验：当学生能够在模拟环境中顺利完成交流任务，会增强他们在实际生活中运用英语的自信心。

综上所述，信息技术能够为中职英语教学构建高度仿真的语言环境，使学生更好地感受和理解英语语言的实际运用，增强语言交际能力和跨文化意识。

第七节 紧跟时代发展

信息技术在中职英语教学中的应用使得教学能够紧密跟上时代发展的步伐，具有以下显著优势。

一、反映语言的最新变化

(1)词汇更新：随着科技进步、社会变迁和文化交流的频繁，新的词汇和表达方式不断涌现。信息技术能迅速获取并整合这些最新的语言元素，让学生及时学习到当下流行和实用的英语词汇，例如“selfie”(自拍)、“vlog”(视频博客)等。

(2)语法和用法演变：语言的语法规则和习惯用法并非一成不变，信息技术能够帮助教师捕捉到这些细微的变化，并将其融入教学中，使学生掌握最准确和符合时代的语言表达方式。

二、融入前沿科技内容

(1)专业英语：对于中职学生来说，了解与自己专业相关的前沿科技知识至关重要。信息技术让教师能够获取最新的专业文献、研究报告和行业动态，将其转化为英语教学材料，例如人工智能、生物技术、新能源等领域的最新进展。

(2)培养创新思维：通过接触前沿科技的英语表述，可以激发学生的创新思维和对未来职业发展的前瞻性思考。

三、对接社会需求

(1)职场英语：现代职场对英语能力的要求不断变化，信息技术使教学能够紧密贴合职场的实际需求，例如教授最新的商务沟通模式、办公软件的英语操作指南等。

(2)软技能培养：除了语言知识，当今社会更注重沟通、合作和解决问题等软技能。借助信息技术，教学可以引入真实的案例和情境，培养学生在英语环境中运用这些软技能的能力。

四、利用新兴教学模式和方法

(1)在线学习与混合式教学：随着远程办公和在线教育的兴起，信息技术支持的在线学习和混合式教学模式成为主流。中职英语教学可以充分利用这些模式，让学生适应未来灵活多样的学习和工作方式。

(2)移动学习：智能手机和平板电脑的普及使得移动学习成为可能。通过教育类 App 和移动学习平台，学生可以随时随地获取最新的学习资源，进行碎片化学习。

五、培养全球视野和跨文化交流能力

(1)社交媒体与国际交流：社交媒体和网络平台让学生能够与世界各地的人交流互动，了解不同国家的文化和时事。这有助于培养学生的全球视野和跨文化交流能力，使他们能够在国际化的环境中自信地运用英语。

(2)实时新闻与热点讨论：利用信息技术获取实时的国际新闻和热点话题，组织学生用英语进行讨论和分析，增强他们对世界的关注和理解，同时提高英语的综合运用能力。

综上所述，信息技术能够确保中职英语教学与时俱进，让学生所学的英语知识和技能与时代需求紧密结合，为他们未来的职业发展和个人成长做好充分准备。

第八节　激发自主学习能力

信息技术在中职英语教学中的应用对于激发学生的自主学习能力具有显著优势，具体表现如下。

一、提供丰富的学习资源

互联网平台汇聚了海量的英语学习资料，包括各类在线课程、电子书籍、学习网站、英语学习 App 等。学生可以根据自己的兴趣和需求，自主选择适合自己的学习内容，不再局限于教材和课堂讲授。

例如，学生对英语口语感兴趣，可以通过在线课程学习地道的口语表达；对英语文学有偏好，可以阅读电子书籍进行深入了解。

二、灵活的学习时间和空间

(1)借助信息技术，学生能够在任何时间、任何地点进行学习。无论是在家、在图书馆还是在公交车上，只要有网络和设备，就可以打开学习软件或网站进行学习。

(2)这种灵活性使学生能够根据自己的日程安排和学习节奏，合理分配学习时间，不再受限于固定的课堂时间。

三、个性化学习体验

自适应学习系统可以根据学生的学习情况和能力水平，为其提供个性化的学习路径和建议。

例如，学习系统通过分析学生的练习和测试成绩发现其语法薄弱，就会推送更多的语法练习和讲解；如果学生听力水平较好，就会提供更具挑战性的听力材料。

四、增强学习的趣味性和互动性

(1)教育游戏、动画视频、互动练习等形式多样的学习资源，可以使学习过程变得更加有趣，吸引学生主动参与。

(2)在线学习社区和论坛让学生能够与其他学习者交流互动，分享学习心得和经验，互相鼓励和监督。

五、培养自我管理和自我评估能力

(1)学生在自主学习过程中，需要自己制订学习计划、安排学习进度、管理学习时间，这有助于培养他们的自我管理能力。

(2)通过在线测试、练习的即时反馈和学习数据分析，学生能够对自己的学习效果进行自我评估，了解自己的进步和不足之处，从而调整学习策略。

六、拓宽学习视野

(1)信息技术让学生能够接触到来自世界各地的优质学习资源和最新的英语学习理念，了解不同的学习方法和文化背景，拓宽自己的学习视野。

(2)学生可以观看国外的优质教学视频，参与国际在线学习项目，与不同国家的学生交流合作。

综上所述，信息技术能够为中职英语教学创造有利于激发学生自主学习能力的环境，使学生从被动接受知识转变为主动探索和学习，为其终身学习奠定基础。

第三章　基于信息技术的中职英语教学策略

基于信息技术的中职英语教学策略指的是在中等职业学校的英语教学过程中，以信息技术为基础和手段，所制定和采用的一系列教学方法、模式、活动安排以及资源利用方式等。其含义包含以下几个要点。

首先，强调以信息技术为依托。这意味着充分利用现代信息技术工具和资源，例如多媒体、网络平台、在线教育软件、虚拟学习环境等。

其次，是关于教学的整体规划和设计。包括如何制定教学目标、选择教学内容、组织教学活动、安排教学环节等，以提高教学效果和学生的学习成果。

再次，注重适应中职学生的特点和需求。考虑到中职学生的英语基础、学习兴趣、职业发展方向等因素，制定有针对性的教学策略，以激发学生的学习积极性和提高他们的英语应用能力。

最后，是为了实现教学的优化和创新。通过信息技术的引入，改变传统的教学模式，增加教学的趣味性、互动性和实践性，培养学生的自主学习能力和创新思维，提升中职英语教学的质量和水平。

第一节　数字化资源整合策略

在信息技术飞速发展的时代，数字化资源在教育领域中的应用日益广泛。对于中职英语教学来说，合理整合数字化资源是提高教学效率、优化教学效果的关键。

在基于信息技术的中职英语教学中，数字化资源整合策略是提升教学质量和效果的关键环节。

一、数字化资源整合策略分析

（一）资源收集的多渠道性

(1)利用专业教育网站：例如利用英语学习网、沪江英语等，获取系统的英语课程资源，包括教材配套资料、专项练习等。

(2)搜索学术数据库：例如搜索中国知网、万方数据等，获取有关中职英语教学方法和研究成果的学术论文，为教学提供理论支持。

(3)关注社交媒体平台：例如关注抖音、哔哩哔哩等，上面有许多英语教育博主分享的有趣且实用的英语学习短视频，涵盖口语发音、词汇记忆等方面。

(4)收集开放教育资源：例如收集 Coursera、edX 等平台上的优质英语课程，获取前沿的教学理念和方法。

(二)资源筛选与分类的精细化

(1)依据教学大纲和课程标准：筛选出与中职英语教学目标紧密相关的资源，确保资源的针对性和有效性。

(2)按照教学模块细分：将资源分为词汇、语法、听力、口语、阅读、写作等不同类别，方便教师在教学时快速找到所需资源。

(3)考虑学生水平差异：为基础薄弱的学生筛选基础巩固类资源，为水平较高的学生准备拓展提升类资源。

(三)资源的优化与个性化改编

(1)调整难度：对于难度过高或过低的资源，进行适当的简化或深化处理，以适应中职学生的实际水平。

(2)结合专业特点：例如对于汽修专业的学生，将英语资源中的案例改编为与汽车维修相关的情境。

(3)本地化处理：将国外的资源进行本地化改编，融入中国文化元素或学生熟悉的生活场景，增强学生的共鸣和理解。

(四)资源的存储与管理

(1)建立数字化资源库：利用云存储服务，例如百度网盘、腾讯微云等，集中存储整理好的资源，并进行分类标注，方便随时调用。

(2)搭建校内资源平台：学校可以构建自己的教学资源平台，教师将资源上传分享，实现校内资源的共建共享。

(五)资源在教学中的有效运用

(1)课堂教学融入：通过多媒体教学设备，在课堂上展示图片、音频、视频等资源，丰富教学内容和形式。

(2)个性化学习推荐：根据学生的学习情况，为他们推送特定的资源，进行课后自主学习和巩固。

(3)组织资源讨论：针对某些有争议或具有启发性的资源，组织学生进行讨论，培养他们的批判性思维和英语表达能力。

(六)资源的更新与维护

(1)定期检查：教师定期检查资源的有效性和适用性，及时删除过时或不准确的内容。

(2)持续补充新资源：关注英语教学领域的最新动态和发展，不断补充新的、优质的数字化资源。

通过以上全面而系统的数字化资源整合策略，能够充分发挥信息技术的优势，为中职英语教学提供丰富、优质、个性化的教学资源，促进教学效果的显著提升。

二、数字化资源整合策略对中职英语教学的积极影响

数字化资源整合策略为中职英语教学带来了诸多积极影响，有力地推动了教学质量的提升和学生学习效果的改善。

其一，丰富教学内容。通过整合来自互联网、教育平台、多媒体素材库等各类数字化资源，教师能够为学生提供更加丰富多样的学习材料，不再局限于传统教材中的有限内容。学生可以接触到真实的英语语境，例如原汁原味的英语电影、广播、新闻报道等，拓宽了语言输入的渠道，使学习内容更贴近实际生活和未来职业需求。

其二，提升教学的趣味性和吸引力。数字化资源通常具有生动、形象、直观的特点，例如有趣的动画、精彩的视频、互动性强的游戏等。这些元素能够极大地激发学生的学习兴趣，使他们更加主动地参与到学习中来。相比枯燥的书本知识，数字化资源能够更好地抓住学生的注意力，减少学习过程中的疲劳感和抵触情绪。

其三，满足学生个性化学习需求。不同学生在英语学习方面存在着差异，数字化资源整合策略使得教师能够根据学生的不同水平、学习风格和兴趣爱好，为他们提供个性化的学习资源。基础薄弱的学生可以获取更多基础知识巩固的材料，而有较高水平的学生则能得到更具挑战性的拓展资源，实现因材施教，促使每个学生在原有基础上都能取得进步。

其四，增强教学的时效性和实用性。利用最新的数字化资源，教师可以及时将当下流行的英语表达、热门话题、行业动态等引入课堂教学。这不仅使学生学到的英语知识更具时代感，还能帮助他们了解英语在实际生活和工作中的应用，提高学生运用英语解决实际问题的能力。

其五，促进教学方法的创新。数字化资源为教师提供了更多教学手段和方法的选择。例如，基于在线学习平台开展翻转课堂教学、利用虚拟现实技术创设沉浸式学习环境、通过教育 App 进行移动学习等。这些创新的教学方式能够更好地适应中职学生的特点和需求，提高教学效率和效果。

其六，培养学生的自主学习能力。丰富的数字化资源为学生提供了自主探索和学习的空间。学生可以根据自己的时间和节奏，选择感兴趣的内容进行学

习，培养自我管理和自我驱动的学习习惯。这种自主学习能力对于学生的终身发展具有重要意义。

综上所述，数字化资源整合策略在丰富教学内容、激发学习兴趣、满足个性化需求、增强实用性、创新教学方法以及培养自主学习能力等方面对中职英语教学产生了积极而深远的影响，为中职英语教学的改革和发展注入了新的活力。

三、数字化资源整合策略提升中职英语教学质量

数字化资源整合策略在多个方面显著提升了中职英语教学的质量。

（一）优化教学材料的丰富性和适用性

通过整合数字化资源，教师能够从海量的网络素材、在线课程、电子教材中精心挑选出最符合中职英语教学目标和学生实际水平的内容。这不仅丰富了传统教材的单一性，还能根据不同专业学生的需求，选取与他们未来职业相关的英语资料，例如商务英语、旅游英语、计算机英语等，使教学更具针对性和实用性。

（二）增强教学方法的多样性和灵活性

数字化资源为教学方法的创新提供了有力支持，教师可以利用多媒体课件、教学视频、互动软件等多种形式呈现教学内容。例如，在讲解语法时，用生动有趣的动画来演示复杂的语法规则，使抽象的知识变得直观易懂；在训练听力和口语时，播放真实的英语原声视频，让学生模仿标准的发音和语调。这种多样化的教学方法能够更好地满足不同学生的学习风格，激发他们的学习积极性。

（三）提高课堂教学的效率和效果

借助数字化资源，教师可以在短时间内展示更多的信息，节省板书时间，增加与学生的互动交流。例如，通过在线测试系统即时了解学生对知识点的掌握情况，从而及时调整教学进度和重点。同时，丰富的视觉和听觉刺激能够增强学生的记忆和理解，提高知识的吸收率和转化率。

（四）促进个性化学习和自主学习

学生可以根据自己的学习进度和需求，选择适合自己的数字化学习资源进行自主学习。对于学习困难的学生，他们可以反复观看教学视频、查阅电子资料来弥补知识漏洞；对于学有余力的学生，则可以挑战更高难度的拓展资源，拓展英语能力。这种个性化的学习方式有助于培养学生的自主学习能力，为他们的终身学习奠定基础。

（五）加强教学与实际应用的联系

数字化资源整合能够引入真实的英语语料和场景，例如英语新闻、商务谈判视频、英文影视作品等。让学生在学习过程中感受英语在实际生活和工作中的运用，可以提高他们的语言运用能力和跨文化交际能力，使他们毕业后能够更好地适应社会和职业的需求。

（六）推动教师专业化发展

为了有效地整合数字化资源，教师需要不断提升自己的信息技术能力和教学素养，学习新的教学理念和方法。这促使教师不断更新知识结构，提高教学水平，从而为提供高质量的英语教学提供保障。

综上所述，数字化资源整合策略通过丰富教学材料、创新教学方法、提高教学效率、促进个性化学习、加强实际应用联系以及推动教师专业发展等多方面的作用，全面提升了中职英语教学的质量，为学生的英语学习和未来发展创造了更有利的条件。

第二节　在线互动教学策略

随着信息技术的迅速发展，教育领域迎来了深刻的变革。在中职英语教学中，利用信息技术开展在线互动教学成为提高教学效果和学生学习积极性的重要途径。

在基于信息技术的中职英语教学中，在线互动教学策略发挥着重要作用，能够极大地提升教学效果和学生的学习体验。

一、在线互动教学策略分析

（一）利用在线教学平台

（1）选择功能丰富的在线教学平台，例如腾讯课堂、钉钉等。这些平台通常具备直播授课、屏幕共享、互动白板、在线答题等功能。

（2）教师在开课前，熟悉平台的各项操作，确保能够流畅地进行教学和互动。

（二）实时授课与答疑

（1）通过直播授课，教师可以实时讲解英语知识，与学生进行面对面的交流，就像在传统课堂中一样。

（2）在讲解过程中，鼓励学生随时通过弹幕、留言或举手功能提问，教师及时解答，解决学生的疑惑。

(三)小组讨论与协作

将学生分成小组，利用平台的分组功能，让小组在特定的讨论区进行交流和协作。

例如，给定一个英语话题，如“Environmental Protection”(环境保护)，小组内成员用英语发表自己的观点，共同完成一份讨论报告。

(四)互动活动设计

(1)开展在线抢答活动，教师提出问题，学生通过在线抢答的方式回答，增强学习的趣味性和竞争氛围。

(2)组织在线角色扮演活动，学生根据给定的情境，在视频中用英语进行角色扮演，锻炼口语表达和实际应用能力。

(五)作品展示与评价

(1)学生完成英语写作、口语展示等任务后，将作品上传至平台。

(2)教师和其他同学可以进行在线评价和点赞，提供反馈和建议，帮助学生不断改进。

(六)跨地域交流

利用网络优势，与其他学校的中职学生进行在线交流活动。

例如，共同讨论一部英语电影的观后感，分享不同的见解和感受，拓宽学生的视野。

(七)与家长的互动

(1)邀请家长参与在线课程，了解学生的学习情况。

(2)通过平台与家长保持沟通，反馈学生的学习表现，共同促进学生的学习进步。

(八)数据跟踪与分析

(1)在线教学平台能够记录学生的参与度、答题情况等数据。

(2)教师根据这些数据了解学生的学习状态，调整教学策略和互动方式，对个别学生进行针对性的辅导。

总之，在线互动教学策略借助信息技术打破了时间和空间的限制，为中职英语教学创造了更加丰富、灵活和高效的互动环境，有助于激发学生的学习兴趣和主动性，提高英语教学的质量。

二、在线互动教学策略的实施步骤

（一）教学准备

（1）教师对教学内容进行深入分析，明确教学目标和重点难点。

（2）选择合适的在线教学平台，熟悉其各项功能，例如直播、互动工具、作业布置等。

（3）收集和整理相关的教学资源，包括多媒体素材、练习题、拓展资料等。

（4）根据教学内容和学生特点，设计互动环节和活动。

（二）学生引导

（1）提前向学生介绍在线课程的安排和要求，包括上课时间、参与方式、设备准备等。

（2）指导学生熟悉所选在线教学平台的操作方法，确保能够顺利参与互动。

（3）鼓励学生提前预习相关内容，为课堂互动做好准备。

（三）课程导入

（1）在课程开始时，通过生动有趣的方式引入教学主题，例如播放一段相关的英语视频或讲述一个英语小故事。

（2）提出一些引导性的问题，激发学生的兴趣和思考，为后续的互动打下基础。

（四）知识讲解与互动

（1）运用多媒体资源，例如 PPT、动画、音频等，清晰地讲解知识点。

（2）在讲解过程中，适时穿插提问、讨论、投票等互动环节，鼓励学生积极参与。

（3）利用平台的分组功能，组织小组讨论，让学生合作探究问题，然后进行小组汇报和交流。

（五）练习巩固与反馈

（1）布置在线练习题或任务，让学生及时巩固所学知识。

（2）学生完成练习后，教师进行实时批改和反馈，指出问题并给予指导。

（3）针对学生的共性问题，进行集中讲解和强调。

（六）拓展与应用

（1）提供一些拓展性的学习资源和任务，引导学生将所学知识应用到实际情境中。

（2）让学生进行英语写作、口语展示、项目设计等。

（七）总结与评价

(1)对本节课的内容进行总结，强调重点和难点。

(2)对学生的表现进行全面评价，包括参与度、知识掌握程度、合作能力等。

(3)鼓励学生自我评价和互评，促进共同进步。

（八）课后跟进

(1)布置课后作业，要求学生在规定时间内完成并提交。

(2)在教学平台或社交群组中与学生保持沟通，解答疑问，了解学习情况。

(3)分析学生的学习数据，为下一次教学提供参考和改进方向。

通过以上有条不紊的实施步骤，能够充分发挥信息技术在中职英语在线互动教学中的作用，提高教学效果，增强学生的学习体验和能力提升。

第三节　移动学习策略

随着信息技术的飞速发展，移动设备例如智能手机、平板电脑等在教育领域的应用日益广泛。对于中职英语教学而言，移动学习策略为学生提供了更加灵活、便捷和个性化的学习方式，有助于提高学生的学习兴趣和效果。

在信息技术快速发展的背景下，移动学习策略在中职英语教学中展现出独特的优势和潜力。

一、移动学习策略分析

（一）选择适合的移动学习工具和应用

(1)推荐英语学习类的手机应用程序（App），例如百词斩、流利说・英语、沪江开心词场等，满足学生在词汇积累、口语练习等方面的需求。

(2)利用微信公众号，例如“中国日报双语新闻”“英语学习杂志”等，为学生推送时事新闻、英语故事等内容。

（二）个性化学习计划制订

引导学生根据自身的英语水平、学习目标和时间安排，在移动设备上制订个性化的学习计划。

例如，每天背诵一定数量的单词，完成一段英语听力练习或进行一次口语模仿。

（三）利用碎片化时间学习

(1)中职学生的学习时间较为分散，移动学习策略可以充分利用课间休息、乘车途中、排队等待等碎片化时间。

(2)学生可以通过手机随时随地进行几分钟的英语学习，例如听一篇英语短文、复习几个单词。

(四)多媒体学习资源整合

(1)教师通过云盘或学习平台等分享音频、视频、图片等多媒体英语学习资源。

(2)学生可以根据自己的兴趣和需求选择下载观看，例如英语电影片段、英语歌曲、英语动画等，以多种形式提升英语能力。

(五)互动与社交学习

(1)鼓励学生在英语学习 App 中的社区或论坛中与其他学习者交流心得、互相鼓励。

(2)利用微信、QQ 等社交软件建立英语学习群组，教师可以在群内发布学习任务、解答疑问，学生也可以相互讨论。

(六)实时反馈与评价

(1)许多移动学习应用能够实时提供学习反馈，例如单词拼写的对错、口语发音的评估等。

(2)教师可以通过学习平台查看学生的学习记录和数据，了解学生的学习进度和薄弱环节，给予及时的指导和评价。

(七)与课堂教学相结合

(1)教师可以在课堂上提及学生在移动学习中的成果和问题，进行有针对性的讲解和巩固。

(2)布置的课后作业也可以与移动学习的内容相关联，形成学习的连贯性。

(八)培养自主学习习惯

(1)通过移动学习，让学生逐渐掌握自主学习的方法和技巧，培养自我管理和自我监督的能力。

(2)定期组织自主学习成果展示或分享活动，激发学生的积极性和主动性。

综上所述，移动学习策略为中职英语教学注入了新的活力，使学生能够更加灵活、便捷、高效地学习英语，提高英语综合运用能力。

二、移动学习策略中引导学生制订碎片化学习计划

在移动学习策略的框架下，引导学生制订碎片化学习计划并有效利用信息技术，对于提升中职英语学习效果具有重要意义。

首先，要帮助学生认识碎片化时间的价值。向学生解释日常生活中那些看似短暂且容易被忽视的时间段，例如等公交、排队买饭、课间休息等，其实都可以被充分利用来进行英语学习。

其次，基于学生的日常作息和活动规律，协助他们制订个性化的碎片化学习计划。例如，对于每天早上有半小时时间乘坐公交上学的学生，可以规划这段时间用来听英语新闻或有声读物；课间十分钟可以安排复习几个新学的单词；午休前十五分钟用于做一篇简短的英语阅读理解。

在计划制订过程中，充分结合信息技术工具和资源。推荐适合的英语学习App，例如“百词斩”用于单词记忆、“流利说·英语”进行口语练习、“喜马拉雅FM”收听英语故事等。指导学生根据自身需求和学习目标选择合适的App，并设置提醒功能，确保在规定的碎片化时间内能够按时开启学习。

利用云笔记类应用，如“印象笔记”或“有道云笔记”，让学生记录自己的学习进度和心得。例如，每次完成一段听力练习后，简单记录听懂的比例和遇到的困难；背完一组单词后，标注记忆的效果和容易混淆的词汇。

借助手机的日历或任务管理功能，设定学习任务和提醒。例如，每周一至周五下午五点提醒进行二十分钟的英语写作练习。

同时，鼓励学生利用社交媒体建立学习小组。在小组中，大家可以分享自己的碎片化学习计划和成果，互相监督和鼓励。教师也可以参与其中，及时给予指导和反馈。

定期评估和调整学习计划。教师根据学生在学习平台或App上的数据统计，如学习时长、答题正确率等，分析学习效果。如果某些时间段的学习效果不佳，或者学生的学习需求发生变化，教师应引导学生及时调整碎片化学习计划，确保其具有可行性和有效性。

通过以上方式，引导学生充分利用信息技术，制订科学合理的碎片化学习计划，能够使中职英语学习更加高效、灵活，有助于提升学生的英语水平。

第四节　游戏化学习策略

在当今数字化时代，信息技术为教育领域带来了前所未有的机遇和挑战。对于中职英语教学而言，如何激发学生的学习兴趣、提高学习效果、培养综合语言运用能力成为重要的课题。游戏化学习策略作为一种创新的教学方法，结合信息技术的优势，为中职英语教学注入了新的活力。

在基于信息技术的中职英语教学中，游戏化学习策略具有显著的优势和独特的应用方式。

一、游戏化学习策略分析

(一)选择合适的英语学习游戏

(1)词汇类游戏：例如“单词消消乐”，通过匹配相同的单词来消除方块，强化学生对单词的记忆。

(2)语法类游戏：例如“语法大冒险”，让学生在虚拟的冒险场景中回答语法问题，以推进游戏进程。

(3)听说类游戏：例如“英语配音秀”，学生为喜欢的英语电影或动画片段进行配音，锻炼口语和听力。

(二)融入教学目标和知识点

确保游戏内容与中职英语教学大纲和课程目标相契合。

例如，在设计关于商务英语的游戏时，应包含商务谈判、邮件写作等相关的任务和挑战。

(三)激发学生的竞争意识

(1)引入排行榜和积分系统，展示学生在游戏中的得分和排名。

(2)组织小组竞赛，让学生以团队形式参与游戏，培养合作与竞争精神。

(四)增加游戏的趣味性和挑战性

(1)设置不同难度级别，适应不同英语水平的学生。

(2)设计多样化的游戏场景和角色，例如穿越古代用英语完成任务、在太空冒险中运用英语知识等。

(五)实时反馈与奖励机制

(1)学生在游戏中完成任务或回答正确时，即时给予积极的反馈，例如动画特效、鼓励话语。

(2)提供虚拟奖励，例如勋章、道具等，激励学生持续参与。

(六)培养综合语言运用能力

游戏任务涵盖听、说、读、写等多个方面。

例如，在角色扮演游戏中，要求学生用英语进行对话、书写剧情等。

(七)结合线上线下游戏活动

(1)线上游戏作为日常学习的补充，方便学生随时参与。

(2)组织线下英语游戏竞赛或活动，增强学生的现场参与感和团队协作能力。

(八)引导学生自主设计游戏

(1)鼓励学生发挥创意，自己设计简单的英语学习游戏。

(2)分享和交流学生设计的游戏，激发创新思维和学习主动性。

(九)与教学进度同步更新游戏

(1)根据教学的进展和学生的反馈，不断更新和改进游戏内容。

(2)确保游戏始终能够激发学生的兴趣，同时紧密围绕教学重点。

通过游戏化学习策略，将英语学习转化为有趣的体验，能够有效提高中职学生学习英语的积极性和效果，培养他们的语言运用能力和综合素质。

二、游戏内容要与中职英语教学大纲和课程目标相契合

要确保游戏内容与中职英语教学大纲和课程目标相契合，可以采取以下方法。

(一)深入研究教学大纲

教师需仔细研读中职英语教学大纲，明确大纲中规定的语言知识、技能、文化等方面的要求，以及不同阶段学生应达到的水平标准。

(二)分析课程目标

对每一个具体的课程单元或模块的目标进行详细剖析，确定重点语法点、核心词汇、特定的交际技能等关键教学要素。

(三)制定游戏规则

在设计游戏之前，根据教学大纲和课程目标制定整体的游戏规则。明确游戏要涵盖的知识点范围、难度层次和预期达到的教学效果。

(四)以知识点为核心

将教学中的重点词汇、语法结构、句型等直接融入游戏任务、题目或关卡中。例如在单词拼写游戏中，选择课程目标要求掌握的单词。

(五)模拟真实语境

设计游戏场景和任务时，尽量模拟与中职学生未来职业或生活相关的真实英语语境。例如，对于旅游专业的学生，可以设计在国外酒店预订、景点介绍的游戏情境。

(六)技能训练

针对听、说、读、写等不同技能的培养目标，设计相应的游戏活动。例如听力理解游戏、口语表达挑战、阅读理解谜题、写作任务竞赛等。

（七）分层设计

根据学生的不同水平和课程的进阶，将游戏分为不同的难度级别。确保初级游戏涵盖基础知识点，高级游戏挑战复杂的语言运用。

（八）融入文化元素

如果课程目标包含文化方面的内容，在游戏中融入英语国家的文化元素，例如节日习俗、社交礼仪等，让学生在游戏中感受文化差异。

（九）多方评估

在游戏设计完成后，邀请其他教师或教学专家进行评估，从专业角度判断游戏内容与教学大纲、课程目标的契合度，并根据建议进行修改完善。

（十）学生反馈

让学生在试玩后提供反馈，了解他们在游戏中对知识点的掌握情况和感受，据此调整游戏内容和规则，使其更符合教学需求。

通过以上多种方式的综合运用，可以较大程度地保证游戏内容与中职英语教学大纲、课程目标紧密结合，提高游戏化学习的效果和质量。

第五节　个性化学习策略

个性化学习策略是依据个人特质定制的学习方案。它先综合评估自身优势、劣势、兴趣与学习风格，例如视觉型学习者可多利用图表，再设定明确且具可行性的目标，将学习内容分块逐步攻克。在学习过程中能够灵活调整节奏与方法，借助多样化资源，持续反思总结，从而高效提升知识与技能水平。

在当今信息技术高度发达的时代，中职英语教学迎来了实现个性化学习的崭新机遇。

一、个性化学习策略分析

（一）学习前的个性化评估

借助信息技术，在学生开始英语学习之前，进行全面而细致的个性化评估。这可以通过在线评估系统来实现，系统涵盖了学生的英语基础知识，例如词汇量、语法掌握程度、听力与口语水平等。同时，也考量学生的学习风格，例如是视觉型学习者、听觉型学习者还是动觉型学习者。此外，还会了解学生的兴趣爱好、职业规划以及对英语学习的期望和动机。

（二）定制个性化学习路径

根据评估结果，利用智能学习软件为学生定制专属的学习路径。对于词汇量薄弱的学生，系统会优先推送词汇学习模块，并根据遗忘曲线规律安排复习；对于听力较差的学生，增加听力训练的比重和难度级别；对于有明确职业导向的学生，例如从事酒店服务行业的学生，推送与酒店相关的英语场景对话和专业术语学习。

（三）自适应学习平台的运用

引入先进的自适应学习平台，这些平台能够实时监测学生的学习进度和学习效果。当学生在某个知识点上表现出色时，平台会自动推进到更具挑战性的内容；而当学生遇到困难时，平台会提供更多的解释、示例和练习，直到学生完全掌握。同时，平台还会根据学生的学习时间和频率，智能调整学习任务的发布，避免学生负担过重或学习进度滞后。

（四）丰富多样的学习资源推荐

基于学生的个性化特征，利用大数据算法为学生推荐合适的学习资源。对于对英语电影感兴趣的学生，推荐相关的经典英语电影，并提供配套的台词学习资料和听力练习；对于喜欢阅读的学生，推送适合其水平的英语小说和杂志；对于需要提升口语的学生，推荐在线外教课程或口语交流社区。

（五）移动学习终端的灵活使用

充分发挥智能手机、平板电脑等移动设备的优势，让学生能够随时随地进行学习。学生可以在课间休息、乘坐交通工具等碎片化时间里，通过移动应用进行单词背诵、短文阅读或者听力练习。并且，这些应用能够根据学生的设置和历史学习数据，自动推送个性化的学习内容。

（六）虚拟学习环境与情景模拟

利用虚拟现实技术和增强现实技术，为学生创建逼真的英语学习环境。例如，学生可以置身于英语国家的商场、餐厅、机场等场景中，与虚拟角色进行互动交流，根据自己的需求和能力选择不同的对话选项，从而在实际情境中锻炼英语运用能力。

（七）个性化的学习进度跟踪与反馈

借助学习管理系统，教师能够实时跟踪每个学生的学习进度和表现。定期为学生生成个性化的学习报告，详细分析学生的优势和不足，并给出针对性的建议和改进方向。同时，鼓励学生自我评估和反思，根据反馈及时调整学习策略。

(八)社交化学习与互动

通过在线学习社区、论坛或社交媒体群组，让学生与具有相似学习目标和兴趣的同伴建立联系。他们可以分享学习心得、互相鼓励、共同解决问题。教师也可以参与其中，为学生提供个性化的指导和支持，营造积极向上的学习氛围。

综上所述，基于信息技术的中职英语个性化学习策略，通过精准评估、定制路径、平台运用、智能推荐、灵活学习、情景模拟、跟踪反馈和社交互动等多个环节，充分满足了学生的个体差异和需求，激发了学生的学习积极性和主动性，从而有效提升中职英语教学的质量和效果。

二、保证个性化学习策略有效实施

在基于信息技术的中职英语教学环境中，要确保个性化学习策略得以有效实施，需要从多个关键方面入手。

(一)构建强大的技术支持体系是基础

学校需要投入资源，建立稳定、高速的网络环境，确保学生在学习过程中不会因为网络卡顿或故障而中断。同时，提供充足的硬件设备，例如电脑、平板等，以满足学生的学习需求。此外，选用功能强大且易于操作的学习管理系统(Learning Management System)和教育软件，这些工具应具备学习进度跟踪、自适应学习内容推送、互动交流等功能。

(二)教师的角色转变至关重要

教师不再仅仅是知识的传授者，更是学习的引导者和组织者。他们需要接受专业的信息技术培训，熟练掌握各种教学软件和工具的使用，能够根据学生的评估数据制订个性化的教学计划。定期与学生进行一对一的交流，了解他们在学习过程中的困惑和需求，及时调整教学策略。

(三)数据的有效利用是关键

通过学习平台收集学生的学习行为数据，例如学习时间、答题正确率、参与互动的情况等，运用数据分析技术，深入挖掘这些数据背后的信息，精准了解每个学生的学习特点和薄弱环节。基于这些分析结果，为学生推送个性化的学习任务和资源，例如针对语法薄弱的学生推送专项语法练习、针对口语表达不佳的学生提供更多的口语模仿素材。

(四)激发学生的自主学习意识也是重点

利用信息技术展示个性化学习的成功案例，让学生明白这种学习方式对提升英语能力的重要性。引导学生设定明确的学习目标，并将大目标分解为阶段性的小目标。同时，提供及时的激励机制，当学生达到一定的学习成就时给予奖励，例如电子证书、学习积分等，以增强他们的学习动力。

（五）创建良好的学习社区能够促进个性化学习

在在线学习平台上设立讨论区、小组合作项目等，让学生能够与同学分享学习经验、互相帮助。教师积极参与社区互动，解答学生的共性问题，鼓励学生之间的合作与竞争，营造积极向上的学习氛围。

（六）持续的评估与改进是保障

定期对个性化学习策略的实施效果进行评估，收集学生和教师的反馈意见。根据评估结果，发现问题并及时调整策略，不断优化学习资源和教学方法，以确保个性化学习策略能够更好地适应学生的需求和教学的发展。

综上所述，通过构建技术体系、转变教师角色、利用数据、激发自主学习、创建学习社区以及持续评估改进等多方面的协同努力，能够在基于信息技术的中职英语教学中保证个性化学习策略的有效实施，从而提高学生的英语学习效果和综合能力。

三、个性化学习策略的未来发展趋势

（一）智能化

随着人工智能技术的不断发展，智能化的学习系统能够更好地理解学生的学习需求和行为，为学生提供更加个性化的学习建议和指导。

（二）移动化

随着移动设备的普及，学生能够更加方便地进行学习，学习将减少受到时间和空间的限制。

（三）游戏化

游戏化的学习方式能够更好地激发学生的学习兴趣和积极性，提高学生的学习效果。

（四）数据驱动

通过对学生学习数据的分析，教师能够更好地了解学生的学习情况，为学生提供更加精准的个性化学习方案。

（五）虚拟现实和增强现实

虚拟现实技术和增强现实技术将为学生提供更加真实的学习体验，帮助学生更好地理解和掌握知识。

(六)跨学科融合

未来的个性化学习策略将更加注重跨学科融合，培养学生的综合素养和创新能力。

(七)自适应学习

自适应学习系统将能够根据学生的学习进度和能力自动调整学习内容和难度，提高学习效率。

(八)社交化学习

社交化学习平台将能够让学生更好地与教师和同学进行交流和合作，共同提高学习效果。

总之，基于信息技术的中职英语个性化学习策略将不断发展和完善，为学生提供更加优质、高效的学习体验。

第六节　虚拟学习环境策略

虚拟学习环境是一种基于计算机技术和网络通信技术的学习平台，它可以为学生提供一个沉浸式、交互式和个性化的学习空间。在中职英语教学中，应用虚拟学习环境策略可以有效地激发学生的学习兴趣，提高学生的学习积极性和主动性，培养学生的语言应用能力和跨文化交际能力。

一、虚拟学习环境策略分析

基于信息技术的中职英语虚拟学习环境策略可以通过以下方式实施。

(一)利用虚拟现实技术创建真实情境

使用 VR 技术模拟真实的英语交流场景，例如国外的城市、商场、学校等，让学生身临其境地进行英语对话和交流。

(二)借助增强现实技术丰富教材内容

通过 AR 技术，将英语教材中的图片、文字同三维模型、动画或音频等相结合，使学习内容更加生动和直观。

(三)开发在线学习平台

建立一个虚拟学习空间，提供课程视频、在线测试、互动交流论坛等功能，让学生可以自主学习以及与教师、同学互动。

（四）引入智能辅导系统

利用人工智能技术，根据学生的学习情况提供个性化的学习建议和练习，帮助学生更好地掌握英语知识和技能。

（五）开展虚拟角色扮演活动

设定不同的职业场景和角色，让学生在虚拟环境中进行角色扮演，提高他们在特定领域的英语应用能力。

（六）利用虚拟实验室进行语言实验

创建语音语调分析实验室等虚拟实验室，让学生通过录制和分析自己的英语发音，改进口语表达。

（七）结合大数据分析优化教学

收集学生在虚拟学习环境中的学习数据，分析学生的学习行为和需求，以便教师调整教学策略和内容，提高教学效果。

通过以上策略，可以为中职学生提供一个更加生动、有趣、个性化的英语学习环境，激发学生的学习兴趣和积极性，提高他们的英语水平和应用能力。同时，教师也需要不断提升自己的信息技术素养，以便更好地应用这些技术手段进行教学。

二、虚拟学习环境的特点和优势

（一）沉浸式学习体验

虚拟学习环境可以通过模拟真实的语言场景和情境，让学生身临其境地感受和体验英语语言的使用，提高学生的语言感知和理解能力。

（二）交互式学习方式

虚拟学习环境提供了丰富的交互功能，例如在线讨论、语音交流、角色扮演等，让学生在与教师和同学的互动中提高语言表达和沟通能力。

（三）个性化学习支持

虚拟学习环境可以根据学生的学习进度、兴趣爱好和能力水平，为学生提供个性化的学习资源和学习路径，满足学生的个性化学习需求。

（四）跨文化交际机会

虚拟学习环境可以连接不同地区和不同国家的学生，让学生在与来自不同文化背景的人的交流和合作中，提高跨文化交际能力和全球视野。

第七节　多媒体教学策略

随着信息技术的不断发展，多媒体教学已成为教育领域的重要手段。在中职英语教学中，合理运用多媒体技术能够为学生创造更加生动、有趣、高效的学习环境。

一、多媒体教学策略实施

多媒体教学策略是指在教学过程中，利用多媒体技术手段来辅助教学的一种策略。多媒体技术可以将图像、声音、视频等多种信息形式集成在一起，为学生提供更加生动、直观的学习体验。在基于信息技术的中职英语教学中，多媒体教学策略可以从以下几个方面实施。

（一）丰富英语多媒体课件的内容

在中职英语教学中应用多媒体技术，不仅能够提高英语教学的质量，还能够丰富英语教学的内容。教师可以根据学生的喜好和实际需求，制作更加生动、有趣的多媒体课件，例如插入图片、音频、视频等，以吸引学生的注意力，提高学生的学习兴趣。

（二）实现多媒体教学与传统教学的有机结合

虽然多媒体教学具有很多优势，但也不能完全取代传统教学。教师应该根据教学内容和学生的实际情况，将多媒体教学与传统教学有机结合起来。例如，在讲解语法知识时，可以采用传统的板书方式，让学生更加清晰地理解知识点；在进行听说训练时，可以利用多媒体设备播放听力材料和口语示范，让学生更加直观地感受英语的语音语调。

（三）利用多媒体技术创设情境

教师可以利用多媒体技术创设各种情境，让学生在情境中学习英语。例如，在教授旅游英语时，可以通过图片、视频等展示不同的旅游景点，让学生模拟旅游场景，进行英语对话练习；在教授商务英语时，可以通过多媒体展示商务会议、商务谈判等场景，让学生在模拟场景中学习商务英语的应用。

教师可以利用多媒体技术开展互动教学，例如通过在线学习平台、微信群、QQ 群等与学生进行互动交流，及时了解学生的学习情况和问题，并给予及时的指导和反馈。此外，教师还可以利用多媒体技术开展小组合作学习、角色扮演等活动，让学生在互动中提高英语应用能力。

（四）鼓励学生自主学习

教师可以鼓励学生利用多媒体技术进行自主学习，例如推荐一些英语学习网站、App 等，让学生在课余时间自主学习英语。此外，教师还可以布置一些与多媒体技术相关的作业，例如让学生制作英语短视频、英语 PPT 等，让学生在实践中提高英语综合应用能力。

总之，多媒体教学策略是一种有效的教学策略，可以提高学生的学习兴趣和学习效果。在基于信息技术的中职英语教学中，教师应该根据教学内容和学生的实际情况，合理地应用多媒体教学策略，为学生提供更加优质的英语教学服务。

二、实施多媒体教学策略的注意事项

（一）避免过度依赖

虽然多媒体教学能够带来丰富的资源和生动的呈现方式，但教师不能过度依赖它，而忽视了自身在教学中的主导作用。教师应始终是教学的组织者、引导者和启发者，例如，不能仅仅播放教学视频而不进行讲解和互动，否则学生可能只是被动地接受信息，缺乏深入的思考和理解。

（二）资源的筛选与适配

网络上的多媒体资源繁多，质量参差不齐。教师需要花费时间和精力筛选出高质量、符合教学目标和中职学生认知水平的资源。例如，在选择英语动画用于教学时，要确保其语言难度适中，内容积极有益。

要注意资源的版权问题，合法合规地使用多媒体资源，避免侵权行为。

（三）关注学生个体差异

不同学生对多媒体教学的接受程度和适应能力有所不同。有些学生可能更适应传统的教学方式，教师需要关注到这一点，灵活调整教学策略，以满足不同学生的需求。

对于学习困难的学生，教师要给予更多的指导和帮助，确保他们能够跟上教学进度。

（四）设备与技术保障

确保学校的多媒体设备正常运行，提前检查投影仪、音响、电脑等设备是否完好。如果在教学过程中出现技术故障，要有相应的应急预案，例如准备备用设备或临时调整教学方式。

教师自身要熟练掌握多媒体教学软件和工具的使用方法，遇到问题能够及时解决或寻求技术支持。

（五）培养学生的信息素养

引导学生正确使用多媒体资源进行学习，避免他们沉迷于娱乐性内容而偏离学习目标。例如在推荐在线学习平台时，要强调学习的目的和方法。

教导学生如何辨别可靠的信息来源，培养他们的批判性思维能力，防止被错误或不良的信息误导。

（六）与传统教学方法相结合

多媒体教学不应完全取代传统的教学方法，例如板书、面对面交流等。传统方法在某些情况下能够更直接、更有效地传递知识和情感，例如在讲解语法规则时，适当的板书能够让学生更清晰地看到知识点的结构和逻辑。

（七）注重教学效果评估

不能仅仅因为使用了多媒体教学就认为教学效果一定好，要通过多种方式对教学效果进行评估，例如课堂测验、作业、学生反馈等。

根据评估结果及时调整多媒体教学策略，不断优化教学过程，提高教学质量。

第八节　翻转课堂教学策略

随着信息技术的迅猛发展，教育领域也在不断探索新的教学模式。翻转课堂作为一种创新的教学策略，将传统的教学流程颠倒，为中职英语教学带来了新的机遇和挑战。在中职英语教学中引入翻转课堂，借助信息技术手段，能够更好地满足学生的个性化学习需求，提高教学效果。

一、翻转课堂在中职英语教学中的应用优势

（一）提高学生自主学习能力

翻转课堂要求学生在课前自主学习教学内容，培养了学生的自主学习习惯和能力。学生可以根据自己的节奏和需求，反复观看教学视频、查阅资料，主动探索知识。

（二）增强课堂互动与合作

由于学生在课前已经对基础知识有了一定的了解，课堂上可以有更多的时间用于师生互动、生生互动和小组合作学习。通过讨论、案例分析、角色扮演等活动，学生能够更深入地理解和应用英语知识。

（三）满足个性化学习需求

信息技术支持下的翻转课堂，为学生提供了丰富的学习资源，学生可以根据自己的英语水平和学习风格选择适合自己的学习内容和方式，实现个性化学习。

（四）提升教学效率

教师可以在课堂上集中解决学生的共性问题和疑难问题，提高教学的针对性和效率。同时，学生在课堂上的积极参与和互动，也能够促进知识的内化和吸收。

二、翻转课堂的实施流程

（一）课前准备

1. 教师制作教学视频

（1）教师根据教学目标和重点难点，录制简短精悍的教学视频。视频内容可以包括知识点讲解、例句示范、练习题目等。

（2）运用多种信息技术手段，例如动画、字幕、配音等，增强视频的趣味性和吸引力。

2. 发布学习任务和资源

（1）教师通过在线学习平台或移动应用程序，将教学视频、学习资料、预习提纲等发布给学生，并明确学习任务和要求。

（2）提供在线交流渠道，例如论坛、微信群等，方便学生在预习过程中提问和交流。

3. 学生自主预习

（1）学生在课余时间观看教学视频，阅读学习资料，完成预习任务。

（2）记录学习过程中的疑问和困惑，准备在课堂上与教师和其他同学讨论。

（二）课堂活动

1. 知识检测与答疑

（1）教师通过提问、小测验等方式检查学生的预习效果，了解学生对知识的掌握情况。

（2）针对学生的疑问进行集中讲解和答疑，确保学生对基础知识的理解和掌握。

2. 小组合作与讨论

(1)教师根据教学内容设计小组活动任务，例如情景对话、项目展示、问题讨论等。

(2)学生分组进行合作学习，交流观点，共同完成任务。教师在小组间巡视指导，鼓励学生用英语表达自己的想法。

3. 成果展示与评价

(1)各小组选派代表展示合作学习的成果，例如进行英语演讲、表演英语短剧等。

(2)其他小组进行评价和反馈，教师进行总结性评价，肯定学生的优点，指出存在的问题和改进的方向。

(三)课后巩固与拓展

1. 布置作业

(1)教师根据课堂教学内容和学生的实际情况，布置适量的书面作业、口语作业或实践作业，例如写作练习、口语录音、英语调查报告等。

(2)要求学生在规定时间内完成作业，并通过在线平台提交。

2. 个性化辅导

(1)教师查阅学生的作业，分析学生的学习情况，对学习上存在困难的学生进行个性化辅导。

(2)可以通过在线答疑、一对一辅导等方式，帮助学生解决问题，巩固所学知识。

3. 拓展学习资源推荐

教师为学生推荐相关的英语学习网站、书籍、影视作品等拓展学习资源，鼓励学生自主拓展学习领域，提高英语综合素养。

三、翻转课堂面临的挑战及应对策略

(一)挑战

1. 学生自主学习能力不足

部分中职学生缺乏自主学习的习惯和方法，可能无法有效完成课前预习任务。

2. 网络技术和设备限制

部分学生家庭可能缺乏稳定的网络环境和必要的学习设备，影响学习资源的获取和学习活动的参与。

3. 教师信息技术素养和教学能力的要求提高

制作高质量的教学视频、运用在线学习平台进行教学管理等，都对教师的信息技术素养和教学能力提出了更高的要求。

4. 教学资源的质量和适用性

网络上的英语学习资源丰富多样，但质量参差不齐，需要教师花费大量时间和精力进行筛选和整合。

（二）应对策略

1. 培养学生的自主学习能力

(1)开展自主学习方法培训，引导学生制订学习计划，培养自我监督和自我评价的能力。

(2)建立学习小组，鼓励学生相互督促和帮助。

2. 改善网络技术和设备条件

(1)学校可以提供网络学习设备和场所，例如计算机教室、图书馆电子阅览室等，为学生创造良好的学习环境。

(2)教师可以提供多种学习资源获取方式，例如光盘、纸质资料等，以应对网络不畅的情况。

3. 提升教师的信息技术素养和教学能力

(1)学校组织教师参加信息技术培训和教学研讨活动，鼓励教师之间进行经验分享和交流。

(2)教师自身要积极学习和探索新的信息技术工具和教学方法，不断提升自己的专业水平。

4. 优化教学资源的筛选和整合

(1)教师可以建立教学资源库，与其他教师合作共享优质资源。

(2)结合教学目标和学生实际情况，对网络资源进行二次加工和改编，提高资源的适用性和针对性。

四、实际案例分析

以中职英语“旅游英语”单元为例，教师在实施翻转课堂教学时应做到以下内容。

（一）课前

（1）制作了关于旅游景点介绍、酒店预订、餐厅点餐等方面的教学视频，并在视频中设置了一些思考问题。

（2）将视频和相关学习资料发布到在线学习平台上，要求学生观看视频，查阅资料，完成预习任务，例如模拟预订酒店的对话。

（二）课堂

（1）通过提问和小测验检查学生的预习情况，针对学生在酒店预订对话中出现的语法错误和表达不规范的问题进行集中讲解。

（2）组织学生分组进行旅游行程规划的讨论和展示，让学生在小组中用英语交流自己的想法和建议。

（3）对各小组的展示进行评价，表扬学生的创新点和优秀表现，同时指出存在的问题和改进的方向。

（三）课后

（1）布置写作作业，要求学生用英语描述自己理想的旅游目的地。

（2）对学生的作文进行批改和反馈，针对学生在词汇运用、语法结构等方面的问题进行个别辅导。

（3）推荐一些关于旅游的英语电影和书籍，鼓励学生拓展学习。

通过实施翻转课堂教学，学生的学习积极性和主动性得到了提高，课堂参与度明显增强，英语应用能力也有了较大的提升。

基于信息技术的中职英语翻转课堂教学策略为中职英语教学注入了新的活力。通过充分利用信息技术手段，实现教学流程的翻转，能够激发学生的学习兴趣，培养学生的自主学习能力和合作学习精神，提高中职英语教学的质量和效果。然而，在实施过程中也面临着诸多挑战，需要学校、教师和学生共同努力，采取有效的应对策略，不断探索和完善翻转课堂教学模式，以更好地适应中职英语教学的需求，为学生的未来发展奠定坚实的英语基础。

第四章　信息技术在中职英语听说教学中的应用

随着信息技术的飞速发展，教育领域正在经历深刻的变革。在中职英语教学中，听说能力的培养一直是教学的重点和难点。信息技术的融入为解决这一问题提供了新的途径和方法。

第一节　多媒体教学手段的应用

在中职英语教学中，听说能力的培养至关重要。信息技术的发展为英语听说教学提供了丰富的多媒体教学手段，这些手段的应用极大地改变了传统教学的模式和效果。

一、多媒体教学手段在中职英语听说教学中的优势

（一）增强学习的趣味性

多媒体教学手段能够以生动、形象的方式呈现教学内容，吸引学生的注意力，激发他们的学习兴趣和积极性。

（二）提供真实的语言环境

通过多媒体，学生可以接触到原汁原味的英语听说素材，例如英语电影、电视剧、广播等，有助于他们熟悉真实的语言表达和语音语调。

（三）适应学生的个体差异

学生可以根据自己的学习进度和需求，自主选择多媒体学习材料，进行个性化的学习。

二、多媒体教学手段的具体应用

（一）视频资源的有效运用

1. 英语电影和电视剧片段

（1）选择具有教育意义且情节生动的片段，例如《阿甘正传》中鼓舞人心的演

讲片段、《老友记》里轻松有趣的日常交流场景。这些真实的语言环境能够让学生接触到自然的语音、语调、语速和常用的口语表达。

(2)教师可以在播放前提出一些与片段内容相关的问题，引导学生在观看时有针对性地关注重点。例如，询问学生对某个角色的看法，预测接下来可能发生的情节等。

(3)播放中，教师可以暂停视频，对关键的词汇、短语和句型进行讲解，帮助学生理解。例如，解释一些习语、俚语的含义和用法。

(4)播放后，组织学生分组模仿片段中的角色进行表演，或者让学生用自己的话复述片段内容，锻炼口语表达和语言组织能力。

2. 英语教学视频

(1)利用为英语学习制作的教学视频，例如讲解英语发音技巧的视频。通过慢动作展示、口型特写等方式，让学生清晰地看到每个音的发音部位和方法。

(2)还有关于听力策略的教学视频，例如如何抓住关键词、如何根据上下文推测意思等，帮助学生提高听力理解能力。

(3)对于语法知识点的讲解，也可以通过动画演示的形式，让抽象的语法规则变得更加直观易懂。例如，用动画展示时态的变化过程，使学生更容易理解和记忆。

(二)音频资源的巧妙运用

1. 英语歌曲

(1)选择旋律优美、歌词简单易懂的歌曲，例如《My Heart Will Go On》《You Raise Me Up》等。在播放歌曲时，同时展示歌词，让学生跟着哼唱，感受英语的韵律和节奏。

(2)对歌词中的重点词汇、语法进行讲解，让学生在欣赏歌曲的同时学习英语知识。

(3)还可以让学生根据歌曲的旋律重新填写与教学内容相关的歌词，培养创造力和语言运用能力。

2. 英语广播和有声读物

(1)推荐学生收听英语广播节目，例如 BBC 的儿童频道、CNN 的新闻广播等。鼓励学生在课余时间养成收听广播的习惯，逐渐适应不同的口音和语速。

(2)提供经典的有声读物，例如《哈利·波特》系列、《简·爱》等。让学生在聆听的过程中，感受文学作品的魅力，同时提高听力水平。

(3)教师可以选取广播或有声读物中的一小段，在课堂上进行精听训练，让学生完成填空、回答问题等练习，检验听力理解效果。

(三)图像资源的灵活运用

1. 图片展示

(1)展示与单词、短语相关的图片，例如动物、水果、交通工具等，让学生直观地理解词汇的含义。

(2)利用图片创设情景，例如展示一个餐厅的图片，让学生用英语描述餐厅里的人物、物品和正在发生的事情，进行口语练习。

(3)展示对比图片，例如不同国家的节日庆祝方式、不同城市的风景等，引导学生用英语表达差异和相似之处，培养观察和表达能力。

2. 思维导图

(1)在讲解某个主题的听说内容时，例如“旅行”，教师可以和学生一起绘制思维导图。从“目的地”“交通方式”“住宿”“活动”等方面展开，每个分支下再列出相关的词汇和句型。

(2)学生根据思维导图进行口头描述，或者以小组为单位，围绕思维导图展开讨论，分享自己的旅行经历或梦想的旅行计划。

(3)完成讨论后，学生可以根据思维导图的内容进行写作练习，进一步巩固所学知识。

通过以上多媒体教学手段在视频、音频和图像资源方面的具体应用，可以为中职英语听说教学带来更加生动、有趣和高效的学习体验，提升学生的英语听说能力和综合素养。

三、多媒体在听力教学中的应用

(一)丰富听力材料

1. 利用在线资源库

教师可以从众多的在线英语学习平台和资源网站获取丰富多样的听力材料，涵盖各种主题和难度级别，满足不同学生的需求。

例如，从沪江英语、可可英语等网站下载满足中职学生听力要求的新闻、故事、讲座等听力素材。

2. 引入英语电影和电视剧

(1)选取经典的英语影视作品片段，让学生在欣赏剧情的同时，锻炼听力理解能力。

(2)可以先播放没有字幕的片段，让学生尽力理解，然后再播放带有英文字幕的版本，进行对照和学习。

(3)像《阿甘正传》《老友记》等作品中的对话，语言自然、贴近生活，有助于学生熟悉真实的英语语境。

3. 整合英语广播和有声读物

(1)例如BBC、VOA等广播节目，以及《小王子》《绿野仙踪》等有声读物。

(2)这些资源能够让学生接触到不同的口音和语速，提高对各种语音的适应能力。

(二)优化听力训练方式

1. 分层听力练习

(1)根据学生的英语水平，将听力材料分为不同层次，例如基础、中级和高级。

(2)对于基础较弱的学生，从简单的短句和对话开始；对于水平较高的学生，可以提供更复杂的长篇演讲和讨论。

2. 精听与泛听结合

(1)精听时，选择较短但具有代表性的音频片段，要求学生逐句听懂，甚至可以进行听写训练。

(2)泛听则提供大量的各种类型的材料，让学生在较宽松的环境中培养语感和整体理解能力。

3. 听力技巧训练

(1)利用多媒体展示听力技巧，例如预测内容、抓住关键词、根据上下文推断等。

(2)通过实例讲解和练习，帮助学生掌握这些技巧，并在实际听力练习中应用。

(三)增强听力学习的趣味性和互动性

1. 听力游戏

(1)设计基于听力的在线游戏，例如听力拼图、听力猜谜等。

(2)学生在游戏中完成听力任务，增加学习的乐趣和积极性。

2. 互动式听力练习

(1)利用在线学习平台的互动功能，让学生在听完材料后进行在线讨论、回答问题或分享感受。

(2)教师可以及时给予反馈和指导。

3. 听力竞赛

组织班级内或小组间的听力竞赛，激发学生的竞争意识。
例如，限时完成听力测试，根据成绩进行排名和奖励。

（四）个性化听力学习

1. 自适应学习系统

（1）一些在线学习平台能够根据学生的听力表现和学习情况，自动调整后续推送的听力材料难度和类型。

（2）确保每个学生都能在适合自己的水平上不断进步。

2. 自主选择听力内容

学生可以根据自己的兴趣爱好和专业需求，从丰富的多媒体资源中自主选择感兴趣的听力材料。例如，对旅游感兴趣的学生可以选择关于旅游景点介绍的听力内容。

总之，通过信息技术的应用，多媒体能够为中职英语听力教学提供更丰富的资源、更灵活多样的训练方式和更具趣味性与个性化的学习体验，从而有效提高学生的英语听力水平。

四、多媒体在口语教学中的应用

（一）创设真实的口语情境

1. 利用视频模拟场景

（1）教师可以通过播放与日常生活、工作、旅游等相关的英语视频，为学生营造出真实的语言交流场景。例如，播放一段在餐厅点餐的英语视频，让学生直观地感受在这种情境下的英语表达方式和语音语调。

（2）学生观看后可以模仿视频中的对话进行角色扮演，从而提高他们在实际场景中的口语应对能力。

2. 虚拟现实技术和增强现实技术

借助 VR 或 AR 设备，让学生仿佛置身于真实的英语交流环境中，例如英语国家的街头、商场等。这种沉浸式的体验能够激发学生的表达欲望，使他们更加自然地运用英语进行交流。

（二）提供多样化的口语范例

1. 英语电影和电视剧片段

选取经典的英语电影或电视剧中的精彩对白片段，让学生观察演员的表情、动作和语气，感受地道的口语表达。例如，《泰坦尼克号》中男女主角的深情对话，学生可以模仿演员的情感和语调来练习口语。

2. 英语演讲和脱口秀

为学生展示优秀的英语演讲和脱口秀节目，让他们学习演讲者的逻辑思维、语言组织和肢体语言运用。通过模仿这些范例，学生能够提升口语的流利度和说服力。

(三)激发学生的口语表达兴趣

1. 英语歌曲和动画

选择简单易学、旋律优美的英语歌曲，让学生跟唱，培养语感和发音。动画则以其生动有趣的画面和简单易懂的语言吸引学生，激发他们模仿角色进行口语表达的兴趣。

2. 口语游戏和竞赛

利用在线口语游戏平台，例如单词接龙、口语猜谜等，让学生在轻松愉快的氛围中练习口语。组织口语竞赛，例如英语朗诵比赛、口语演讲比赛等，激发学生的竞争意识，提高他们的口语水平。

(四)个性化的口语训练

1. 语音识别软件

学生可以使用语音识别软件进行口语练习，软件能够实时反馈学生的发音准确性、语速和语调等方面的问题，并给出相应的改进建议。

2. 在线口语课程和 App

学生可以根据自己的水平和需求选择适合自己的在线口语课程和 App，进行有针对性的学习和训练。这些课程和 App 通常会提供个性化的学习计划和跟踪评估，帮助学生不断提高口语能力。

(五)增强口语教学的互动性

1. 在线交流平台

利用在线交流平台，例如微信群、QQ 群等，学生可以用英语分享自己的想法、感受和经历，与教师和同学进行互动交流。教师可以及时给予指导和鼓励。

2. 视频通话和直播教学

通过视频通话或直播教学，学生可以与外教或其他英语学习者进行实时的口语交流，获得更多的口语练习机会和反馈。

总之，多媒体在中职英语口语教学中的应用能够为学生创造丰富多样的学习环境，激发学生的学习兴趣，提供个性化的训练和及时的反馈，从而有效地提高学生的英语口语能力。

五、合理运用多媒体教学手段的入手点

在中职英语听说教学中，合理运用多媒体教学手段可以从以下几个方面入手。

（一）根据教学目标精心选择多媒体素材

明确每节课的教学目标，例如是训练学生的日常交际能力、职场英语应用能力还是英语听力理解技巧等。然后有针对性地选择多媒体素材，例如为了训练日常交际能力，可以选择与日常生活场景相关的英语电影片段、英语歌曲；为了提升职场英语应用能力，可以选取商务谈判、工作汇报等方面的视频资料。

（二）结合学生水平和兴趣筛选素材

充分了解学生的英语基础和兴趣爱好。对于基础较弱的学生，选择语速较慢、词汇和句型相对简单的素材，例如简单的英语动画片；对于有一定基础的学生，可以适当提高难度，例如英语原声电影。同时，考虑学生的兴趣，例如喜欢动漫的学生，可以选择英语配音的动漫片段。

（三）控制多媒体使用的时间和频率

避免在课堂上过度使用多媒体，导致学生注意力分散或产生疲劳。一般来说，多媒体展示的时间应占课堂时间的三分之一到二分之一。并且，要根据教学内容的需要合理安排使用时机，例如在导入环节吸引学生兴趣，或者在讲解重难点时辅助理解。

（四）注重多媒体素材与课堂互动的结合

在播放多媒体素材后，及时组织学生进行讨论、模仿、角色扮演等活动。例如，观看完一段英语对话视频后，让学生分组模仿对话中的角色进行表演，并鼓励学生在模仿中加入自己的创意。通过互动，加深学生对所学内容的理解和记忆，提高他们的语言运用能力。

（五）引导学生自主利用多媒体进行学习

除了课堂上的运用，还要鼓励学生在课后自主利用多媒体资源进行学习。例如，推荐一些适合学生的英语学习网站、手机应用程序，让学生根据自己的需求和兴趣选择学习内容，培养他们的自主学习能力。

(六)教师要做好多媒体素材的讲解和引导

在展示多媒体素材时，教师要适时进行讲解和引导，帮助学生理解其中的语言知识点、文化背景等。例如，在播放一部英语电影时，解释其中出现的特定文化元素或难以理解的习语。

(七)定期评估多媒体教学效果

通过课堂提问、小测验、学生反馈等方式，了解多媒体教学手段对学生听说能力提升的效果。根据评估结果，及时调整多媒体素材的选择和使用方法，以不断优化教学效果。

总之，合理运用多媒体教学手段需要综合考虑教学目标、学生特点、教学互动等多方面因素，以充分发挥多媒体教学在中职英语听说教学中的优势。

多媒体教学手段在中职英语听说教学中的应用具有显著的优势和效果。通过合理运用视频、音频、图像等资源，能够为学生创造一个丰富多彩、生动有趣的学习环境，激发学生的学习兴趣和主动性，提高英语听说教学的质量和效率。然而，教师在应用过程中要注意方法和策略，充分发挥多媒体教学手段的优势，促进学生英语听说能力的全面提升。

未来，随着信息技术的不断发展，多媒体教学手段将不断更新和完善，为中职英语听说教学带来更多的机遇和可能。教师应积极探索和创新，不断提升自己的信息技术应用能力和教学水平，为学生的英语学习提供更优质的教学服务。

六、教学效果评估方法

(一)课堂表现观察

1. 学生参与度

观察学生在多媒体教学过程中的主动参与情况，包括回答问题的积极性、参与小组讨论的活跃度、与教师和同学的互动频率等。

例如，如果在观看一段英语视频后，大部分学生能够主动发表自己的看法或观点，积极参与后续的讨论，这表明他们对教学内容感兴趣并且有较高的参与度。

2. 注意力集中程度

(1)留意学生在课堂上的注意力是否集中，是否被多媒体内容所吸引，是否存在分心、打瞌睡等情况。

(2)可以通过学生的眼神、面部表情以及身体姿态来判断他们的注意力状态。例如，学生目不转睛地盯着屏幕，表情专注，说明他们被多媒体所吸引。

3. 回答问题的准确性

(1)在课堂提问环节，评估学生回答问题的准确程度，以此判断他们对多媒体教学中所涉及的英语听说知识的理解和掌握程度。

(2)对于较难的问题，如果学生能够给出较为准确和完整的答案，说明多媒体教学在帮助他们理解知识点方面效果较好。

(二)课后作业和测验

1. 听力理解测验

设计专门的听力理解练习题，例如听力填空、选择题、简答题等，检测学生对多媒体中听到的英语内容的理解能力。

例如，播放一段英语广播音频，然后让学生根据所听内容回答相关问题或完成填空。

2. 口语表达作业

(1)布置口语表达作业，例如让学生模仿多媒体中的英语对话进行角色扮演、录制一段英语演讲视频或进行口语短文复述。

(2)通过评估学生的发音、语调、语速、流利度以及语言准确性来判断他们的口语水平提升情况。

3. 知识掌握程度检测

进行知识点的书面测验，考查学生对多媒体教学中出现的词汇、语法、句型等知识的记忆和运用能力。

例如，通过单词拼写、语法填空、句子翻译等题型，了解学生对教学重点的掌握情况。

(三)学生自我评价和同伴评价

1. 学生自我评价

让学生填写自我评价表，反思自己在多媒体教学过程中的学习收获、遇到的困难以及自己在听说能力方面的进步和不足。

例如，学生可以评价自己在听力技巧、口语表达流畅性、语音语调准确性等方面的提升情况，并提出自己未来的改进计划。

2. 同伴评价

(1)组织学生进行小组内或小组间的同伴评价，让学生互相评价在多媒体教学活动中的表现，例如合作能力、口语表达能力、听力理解能力等。

(2)同伴评价可以促进学生之间的相互学习和交流，同时也能让学生从不同的角度了解自己的优点和需要改进的地方。

通过以上多种教学效果评估方法的综合运用，可以全面、客观地了解信息技术在中职英语听说教学中多媒体教学手段的应用效果，为进一步优化教学策略和提高教学质量提供有力依据。

七、中职英语听说教学中多媒体教学与传统教学结合

（一）多媒体教学与传统教学结合的必要性

在中职英语听说教学中，多媒体教学和传统教学各具优势，将二者结合能够实现优势互补，提高教学效果。

多媒体教学以其丰富的资源、生动的呈现方式和便捷的交互性，能够激发学生的学习兴趣，提供真实的语言环境。然而，它也存在一些局限性，例如可能导致学生过度依赖视觉和听觉刺激，忽略了对语言本质的深入思考和实践。

传统教学则强调教师的言传身教、板书示范和面对面的交流互动，有助于培养学生的逻辑思维和语言运用能力。但传统教学在资源多样性和情境创设方面相对不足。

因此，结合两者可以充分发挥各自的长处，为学生提供更全面、有效的学习体验。

（二）多媒体教学与传统教学结合的方式

1. 教学导入

利用多媒体资源，例如播放一段精彩的英语电影片段或一首动听的英语歌曲，吸引学生的注意力，激发他们对课程内容的兴趣。然后，通过教师的传统讲解，引导学生思考相关的英语听说问题，自然地过渡到正式的教学内容。

2. 知识讲解

对于重要的语法点、发音规则等，教师可以先在黑板上进行板书和详细的推导讲解，让学生有清晰的逻辑思路。接着，运用多媒体展示相关的实例、动画演示或音频示例，帮助学生更好地理解和记忆。

3. 练习巩固

安排学生进行书面练习时，可以采用传统的纸质练习题，让学生动手书写，强化记忆和书写规范。同时，利用多媒体软件进行听力和口语的练习，例如在线听力测试、口语模仿软件等，提高学生的听说能力。

4. 课堂互动

在组织小组讨论或角色扮演等活动时，采用传统的面对面交流方式，鼓励学生积极表达和互动。在展示成果或分享优秀案例时，可以借助多媒体设备，例如投影仪、电子白板等，使展示更加清晰和生动。

5. 课后作业

布置书面作业和背诵任务等传统作业形式，同时推荐学生使用在线学习平台、英语学习 App 等多媒体资源进行拓展学习和自我检测。

(三)结合过程中的注意事项

1. 合理分配时间

确保在课堂上不过度依赖某一种教学方式，根据教学内容和学生的反应，灵活调整多媒体教学和传统教学的时间比例。

2. 关注学生反馈

留意学生对不同教学方式的接受程度和学习效果，及时调整教学策略，以满足学生的学习需求。

3. 教师自身能力提升

教师要不断提高自己的信息技术应用能力和传统教学技能，熟练掌握两种教学方式的融合运用。

4. 教学设备保障

学校要提供稳定的多媒体设备和良好的技术支持，确保教学过程的顺利进行。

总之，在中职英语听说教学中，将多媒体教学与传统教学有机结合，能够充分发挥各自的优势，提高学生的英语听说水平和综合应用能力。

第二节　在线学习平台的应用

随着信息技术的迅速发展，在线学习平台在教育领域的应用日益广泛。在中职英语听说教学中，合理利用在线学习平台能够为学生提供更加丰富、灵活和个性化的学习体验，有助于提高学生的英语听说能力和综合素养。

一、在线学习平台为中职英语听说教学带来的优势

（一）丰富的学习资源

在线学习平台整合了大量的英语听说学习资源，例如听力材料、口语练习、英语电影、英语歌曲等。这些资源涵盖了各种主题和难度级别，能够满足不同学生的学习需求。学生可以根据自己的兴趣和水平选择适合的学习内容，拓宽学习视野，增加语言输入。

（二）个性化学习路径

在线学习平台能够根据学生的学习情况和能力水平为其制订个性化的学习计划。通过智能算法分析学生的听力和口语测试成绩、学习进度等数据，平台可以推送针对性的学习任务和练习，帮助学生弥补薄弱环节，逐步提高听说能力。这种个性化的学习方式能够提高学习效率，增强学生的学习自信心。

（三）实时反馈与评估

许多在线学习平台具备实时反馈和评估功能。学生在进行听力和口语练习时，平台能够立即指出发音错误、语法错误等问题，并给出相应的改进建议。同时，平台还可以对学生的学习表现进行综合评估，生成学习报告，让学生和教师清楚了解学习的进展和不足之处，以便及时调整学习策略。

（四）互动交流与合作

在线学习平台为学生提供了互动交流的空间，学生可以与同学和教师进行在线讨论、交流学习心得。此外，平台还支持小组合作学习，学生可以共同完成听说任务，培养合作能力和沟通技巧。这种互动交流和合作学习的方式能够激发学生的学习积极性，营造良好的学习氛围。

二、学习活动设计

（一）在线听力测验

1. 多样化的题型设置

（1）单选题：要求学生从多个选项中选择听到内容的正确释义。

（2）填空题：让学生根据听到的内容填写关键单词或短语，训练对细节的捕捉。

（3）判断题：判断所听内容与给定陈述是否相符，考查整体理解。

2. 分层难度设计

（1）基础层：语速较慢，词汇和句型相对简单，重点在于巩固基础知识。

(2)提高层：语速适中，涉及较复杂的语法和多样化的话题，挑战学生的听力理解能力。

(3)拓展层：语速较快，包含一些专业术语或特定领域的内容，为学有余力的学生提供更高难度的训练。

3. 即时反馈与讲解

(1)学生提交答案后，系统立即显示对错，并提供详细的解析和相关知识点的链接。

(2)对于错误较多的题目，教师可以录制简短的讲解视频，帮助学生理解。

(二)口语打卡

1. 设定明确的主题

例如“我的周末”“我最喜欢的节日”等，让学生有明确的表达方向。

2. 规范打卡要求

要求学生录制一段不少于一分钟的口语表述，发音清晰，语句通顺。

3. 同伴互评与教师评价结合

(1)学生可以互相聆听打卡内容并给予评价和鼓励。

(2)教师定期检查并给出专业的评价和改进建议，包括语音语调、语法错误、词汇运用等方面。

4. 设立奖励机制

对坚持打卡且表现优秀的学生给予表扬和奖励，例如积分、勋章或小礼品，以提高学生的积极性。

(三)小组合作项目

1. 分组方式

根据学生的英语水平和性格特点进行合理分组，确保每个小组都有不同层次的学生，便于互相学习和帮助。

2. 项目任务

例如，共同创作一个英语短剧并进行表演录制；完成一个关于特定主题的英语采访任务，如“校园生活满意度调查”。

3. 在线协作与交流

小组通过在线学习平台的讨论区、语音通话或视频会议等功能，共同讨论项目的构思、分工和进展。

4. 成果展示与评价

(1)各小组在平台上展示自己的成果，例如视频、报告等。

(2)其他小组和教师进行评价，评价内容包括语言表达、团队协作、创意等方面。

通过以上精心设计的学习活动，充分利用在线学习平台的优势，能够有效提高中职学生的英语听说能力，增强学习的积极性和主动性。

三、教师在平台中的作用

(一)学习引导者

1. 课程规划与资源推荐

(1)教师根据教学大纲和学生的实际水平，在在线学习平台上为学生规划合理的学习路径。例如，确定每周的学习主题和重点，推荐相关的听力、口语练习素材。

(2)针对不同学习阶段的学生，精准推送适合的学习资源，例如适合初学者的基础听力材料、适合进阶学习者的复杂口语对话等。

2. 学习方法指导

(1)教导学生如何有效地利用平台上的各种功能进行学习，例如如何使用语音识别工具来纠正发音、如何利用在线笔记功能记录重点。

(2)传授听力和口语的学习技巧，例如如何抓住关键词、如何进行模仿练习等，帮助学生提高学习效率。

(二)监督管理者

1. 学习进度跟踪

(1)定期查看学生在平台上的学习记录，包括学习时间、完成的练习、参与的活动等，了解学生的学习投入情况。

(2)对进度滞后的学生进行及时的提醒和督促，确保每个学生都能按照教学计划有序推进学习。

2. 学习行为规范

(1)监督学生在平台上的交流和互动，确保其符合文明和规范的原则，营造积极健康的学习氛围。

(2)防止学生在平台上进行与学习无关的活动，例如玩游戏、浏览无关网页等。

（三）反馈评价者

1. 作业与练习批改

(1)认真批改学生在平台上提交的口语作业、听力测试等，指出其中存在的问题，例如发音错误、语法错误、逻辑不清晰等。

(2)给予具体的改进建议和鼓励性的评语，让学生明确努力的方向，增强学习的信心。

2. 表现评估与总结

(1)对学生在平台上的综合表现进行定期评估，包括学习成绩、参与度、进步情况等。

(2)阶段性地总结学生的学习成果，通过数据和实例分析学生的优势和不足，为后续的教学调整提供依据。

（四）激励推动者

1. 鼓励与表扬

(1)对在学习中取得进步或表现出色的学生，在平台上公开表扬和奖励，例如颁发虚拟勋章、增加积分等，激发学生的学习动力。

(2)及时回复学生的疑问和困惑，给予关心和支持，让学生感受到教师的关注和鼓励。

2. 活动组织与竞赛发起

(1)组织线上的英语听说竞赛、小组活动等，激发学生的竞争意识和团队合作精神。

(2)设立丰厚的奖励，例如证书、奖品等，吸引学生积极参与，提高学习的热情。

总之，教师在信息技术支持的中职英语听说教学在线学习平台中扮演着多重重要角色，他们的积极参与和有效引导对于提高学生的学习效果和培养学生的自主学习能力至关重要。

四、学生在平台中的参与方式

（一）自主学习

1. 制订个性化学习计划

(1)学生根据自身的英语水平、学习目标和时间安排，在在线学习平台上制订适合自己的听说学习计划。例如，每天安排一定的时间进行听力练习、口语模仿等。

(2)可以设定阶段性的小目标，例如在一周内掌握特定的发音规则或完成一定数量的对话练习。

2. 选择学习资源

(1)从平台丰富的资源库中自主挑选感兴趣和难度适合自己的学习材料，例如不同主题的英语听力材料、口语教程、影视片段等。

(2)根据学习需求，灵活选择侧重听力理解、口语表达、语音语调等方面的资源。

3. 独立完成学习任务

(1)按照学习计划，认真完成平台上布置的听力测试、口语作业、跟读练习等任务。

(2)在没有教师实时监督的情况下，自觉遵守学习纪律，保持专注和努力。

(二)互动交流

1. 与同学协作学习

(1)参与小组学习活动，与同学共同完成平台上的合作项目，例如英语短剧的创作和表演、主题讨论等。

(2)在小组中互相交流学习心得、分享学习方法和技巧，共同解决遇到的问题。

2. 参与在线讨论

(1)在平台的讨论区或论坛中，就学习内容、学习方法、英语文化等方面的话题与同学展开讨论。

(2)积极发表自己的观点和看法，回应其他同学的发言，形成良好的互动氛围。

3. 向教师请教问题

(1)遇到学习困难或疑惑时，通过平台的私信、留言、在线答疑等功能及时向教师请教。

(2)认真听取教师的指导和建议，改进自己的学习方法和策略。

(三)成果展示

1. 上传口语作品

(1)将自己录制的口语练习、演讲、对话等作品上传至平台，展示自己的学习成果。

(2)接受同学和教师的评价和反馈，不断完善自己的口语表达。

2. 参与竞赛活动

(1)积极参加平台组织的英语听说竞赛，例如口语比赛、听力竞赛等。

(2)在竞赛中充分发挥自己的水平，与其他同学竞争，同时也从他人的表现中汲取经验。

3. 建立学习档案

(1)利用平台的功能，记录自己在英语听说学习方面的成长历程，包括学习成绩的变化、口语水平的提升等。

(2)通过回顾学习档案，总结经验教训，明确自己的进步和不足之处，为后续的学习提供参考。

通过以上多种参与方式，学生能够充分利用在线学习平台的优势，提高英语听说能力，培养自主学习能力和合作精神，实现全面发展。

五、在线学习平台的实际应用案例分析

(一)某中职学校使用了“英语趣配音”在线学习平台

教师根据教学内容和学生的水平，选择合适的配音素材，并布置相应的配音任务。学生在完成配音后，平台会对其发音、语调、语速等方面进行评估和打分。教师可以在平台上查看学生的配音作品和成绩，及时给予反馈和指导。通过这种方式，学生的口语表达兴趣得到了极大的提高，口语水平也有了明显的进步。

(二)某中职学校引入了“沪江开心词场”在线学习平台

教师在平台上创建班级，将学生纳入班级管理。平台根据教材和课程标准为学生推送单词学习任务，学生通过游戏化的方式进行单词记忆和听力练习。教师可以通过平台查看学生的学习数据，了解学生的学习情况，针对薄弱环节进行重点辅导。这种个性化的学习方式有效地提高了学生的学习积极性和学习效果。

第三节　虚拟语言环境的创建

传统的教学方法在培养学生的英语听说能力方面存在一定的局限性，而虚拟语言环境的创建为解决这一问题提供了新的途径。通过利用信息技术，构建逼真的语言学习场景，能够激发学生的学习兴趣，提高他们的英语听说水平。

一、虚拟语言环境在中职英语听说教学中的重要性

(一)增强学习的沉浸感

虚拟语言环境能够让学生仿佛置身于真实的英语交流场景中，身临其境地感受语言的运用，从而增强学习的沉浸感和体验感。

(二)激发学习兴趣和主动性

与传统教学方式相比，虚拟语言环境更加生动有趣，能够吸引学生的注意力，激发他们主动参与学习的积极性。

(三)提供真实的语言输入和输出机会

在虚拟环境中，学生可以接触到丰富多样的真实语言素材，并有更多机会进行语言的输出和实践，从而提高语言运用能力。

(四)培养跨文化交际意识

通过模拟不同文化背景下的交流场景，学生能够更好地了解英语国家的文化习俗，培养跨文化交际的意识和能力。

二、虚拟语言环境类型

(一)基于虚拟现实技术的虚拟语言环境

1. 完全沉浸式体验

(1)学生通过佩戴 VR 头盔、使用手柄等设备，完全进入一个由计算机生成的三维虚拟世界。这个世界可以是一个英语国家的街道、学校、家庭或者其他真实场景的模拟。

(2)在这个环境中，学生能够 360 度观察周围的环境，仿佛身临其境，极大地增强了学习的沉浸感和真实感。

2. 多感官交互

(1)除了视觉上的呈现，VR 虚拟语言环境还能提供听觉、触觉等多感官的交互体验。例如，学生能听到周围人物的对话、车辆行驶的声音、鸟鸣声等，甚至可以通过手柄触摸虚拟物体，感受物体的质地和重量。

(2)这种多感官的刺激有助于学生更深入地理解和记忆英语语言知识，提高他们在真实场景中的反应和语言运用能力。

3. 情景模拟与任务驱动

(1)教师可以在 VR 环境中设计各种情景模拟和任务，例如在超市购物、餐

厅点餐、机场登机等。学生需要用英语与虚拟角色进行交流，完成相应的任务。

(2)这种任务驱动的学习方式能够激发学生的学习积极性和主动性，让他们在实际操作中提高英语听说能力。

(二)增强现实技术辅助的虚拟语言环境

1. 虚实结合

AR技术将虚拟的数字信息叠加在真实世界中，学生可以通过手机、平板电脑等设备的摄像头看到现实场景中增加的英语元素，如单词、短语、对话等。

例如，当学生将设备的摄像头对准教室的黑板时，可能会看到黑板上出现用英语写的课程安排或者相关的知识点。

2. 实时互动

(1)学生可以与这些虚拟的英语元素进行实时互动，例如点击单词获取发音和释义，或者通过语音与虚拟角色进行对话。

(2)这种实时互动的特性能够让学生在日常生活中随时随地进行英语学习，将学习融入真实的生活场景中。

3. 个性化学习

根据学生的学习进度和需求，AR虚拟语言环境可以为每个学生提供个性化的学习内容。

例如，对于发音薄弱的学生，在他们看到的现实场景中会更多地出现发音练习的提示和指导。

(三)在线模拟交流平台构建的虚拟语言环境

1. 多样化的交流场景

(1)在线平台提供了丰富多样的交流场景，例如社交聚会、商务会议、旅游出行等。学生可以根据自己的兴趣和学习目标选择进入不同的场景。

(2)每个场景中都有预设的话题和任务，引导学生用英语进行交流和讨论。

2. 全球连接与跨文化交流

(1)通过互联网，学生可以与来自世界各地的其他学习者进行交流，接触到不同的英语口音、文化背景和表达方式。

(2)这种跨文化的交流不仅能够提高学生的英语听说能力，还能培养他们的跨文化交际意识和能力。

3. 实时反馈与评价

(1)在线平台通常配备了语音识别和智能评价系统，能够实时对学生的口语表达进行反馈和评价，指出发音、语法、词汇等方面的错误和不足之处。

(2)其他学习者也可以对彼此的表现进行评价和建议，形成一个相互学习和促进的社区氛围。

总之，以上三种类型的虚拟语言环境各有特点和优势，在中职英语听说教学中可以根据实际教学需求和条件进行选择和应用，以提高学生的英语听说水平和综合语言运用能力。

三、虚拟语言环境对学生听说能力的影响

(一)提高听力理解能力

1. 接触真实语境

虚拟语言环境能够模拟各种真实的英语交流场景，例如商场购物、餐厅用餐、机场出行等。学生在这些场景中可以听到自然流畅、原汁原味的英语对话，包括不同的口音、语速和语调，有助于他们适应真实的语言环境，提高对各种听力材料的理解能力。

2. 多样化的听力素材

虚拟环境可以提供丰富多样的听力素材，涵盖不同主题、领域和难度级别。学生能够接触到新闻报道、影视片段、学术讲座等多种类型的内容，拓宽听力的广度和延长听力的深度，增强对不同话题和语言风格的理解。

3. 反复聆听与强化

学生可以在虚拟环境中根据自己的需求反复聆听听力材料，仔细分析语音、词汇和语法结构。这种反复练习有助于强化听力技巧，培养对关键信息的捕捉能力，提高听力的准确性和敏感度。

(二)增强口语表达自信

1. 减少心理压力

在传统的课堂环境中，学生可能会因为害怕犯错、担心被评价而感到紧张，从而影响口语表达。然而虚拟语言环境相对较为宽松和自由，学生可以更加放松地开口说英语，减少心理负担，逐渐克服对口语表达的恐惧。

2. 模仿与实践

虚拟环境中的角色示范和标准发音为学生提供了良好的模仿对象。通过不断模仿和练习，学生能够逐渐改善自己的语音语调、语速和表达方式，从而增强口语表达的准确性和流利度。

3. 即时反馈与改进

许多虚拟语言学习平台具备语音识别和评价功能，能够对学生口语表达及时给予反馈，指出发音错误、语法问题等，并提供改进建议。这种即时的反馈能够帮助学生迅速调整和改进口语表达中存在的发音错误、语法问题以及表达不流畅等状况，不断提高口语水平，进而增强自信心。

（三）培养跨文化交际意识

1. 文化元素融入

虚拟语言环境可以融入英语国家的文化元素，例如风俗习惯、社交礼仪、价值观念等。学生在交流过程中不仅学习语言，还能了解语言背后的文化内涵，避免因文化差异而导致的交际误解。

2. 真实场景体验

通过参与虚拟环境中的跨文化交际场景，学生能够亲身体验不同文化背景下的交流方式和思维模式，培养对文化差异的敏感度和包容度，从而更加得体、有效地进行跨文化交流。

3. 拓宽国际视野

接触不同文化的语言表达和思维方式，能够帮助学生拓宽国际视野，增强对多元文化的理解和欣赏，培养全球意识和开放的心态，为未来的国际交流和合作打下基础。

综上所述，信息技术创建的虚拟语言环境为中职英语听说教学带来了多方面的积极影响，能够有效地提升学生的英语听说能力，培养他们的跨文化交际能力和综合素质。

四、创建虚拟语言环境的详细步骤

（一）需求分析

1. 了解教学目标

（1）明确中职英语课程对于听说能力的具体要求，例如能够进行日常对话、谈论工作场景、表达个人观点等。

（2）确定不同学期或阶段学生应达到的听说水平标准。

2. 评估学生现状

（1）进行学生英语水平的摸底测试，包括听力理解、口语表达、语音语调等方面。

(2)了解学生的学习风格、兴趣爱好以及对信息技术的熟悉程度和接受能力。

3. 收集教学资源需求

(1)与教师团队沟通，确定所需的教材、多媒体素材、练习题等教学资源的类型和内容。

(2)考虑是否需要引入外部的优质资源或与其他教育机构合作共享资源。

(二)场景设计

1. 确定主题场景

(1)根据教学目标和学生需求选择适合的主题场景，例如校园生活、职场交流、旅游出行、社交活动等。

(2)确保场景具有实用性和吸引力，能够激发学生的学习兴趣。

2. 规划场景细节

(1)设计场景中的人物角色、对话内容、背景音效、视觉元素等。

(2)考虑场景的复杂度和难度级别，逐步递增以适应学生的学习进度。

3. 制定交互方式

(1)确定学生在虚拟场景中的操作方式，例如点击选择、语音输入、角色扮演等。

(2)规划学生与虚拟角色或其他学生之间的互动环节和流程。

(三)资源整合

1. 收集多媒体素材

(1)寻找和收集与场景相关的图片、视频、音频文件，包括真实的英语对话录音、背景音乐、特效声音等。

(2)确保素材的质量和版权合法性。

2. 制作教学内容

(1)编写场景中的对话文本，注意语言的真实性和实用性。

(2)设计练习题、测验题，用于巩固学生的学习成果。

3. 选择技术工具

(1)根据场景需求和学校的技术条件，选择合适的虚拟现实、增强现实软件或在线学习平台。

(2)确保所选工具能够支持所需的功能和交互效果。

(四)技术实现

1. 搭建虚拟环境

(1)使用选定的技术工具，按照场景设计搭建虚拟语言环境的框架和界面。

(2)配置音频、视频等多媒体元素，使其能够在虚拟环境中流畅播放。

2. 编程实现交互功能

(1)如果需要，通过编程实现学生与虚拟环境的交互逻辑，例如语音识别、评价反馈机制等。

(2)对虚拟环境进行测试，确保各项功能正常运行，无卡顿、错误等问题。

(五)测试与优化

1. 内部测试

(1)组织教师团队和部分学生进行内部测试，收集他们的使用体验和反馈意见。

(2)重点检查场景的合理性、交互的流畅性、教学内容的准确性和难易度。

2. 调整优化

(1)根据测试反馈，对虚拟语言环境进行调整和优化，修改场景设计、完善教学内容、修复技术问题。

(2)多次重复测试和优化过程，直到虚拟环境达到预期的教学效果和用户体验。

3. 最终验收

(1)进行最终的验收测试，确保虚拟语言环境在功能、性能、教学效果等方面都符合要求。

(2)准备相关的使用说明和培训资料，为教师和学生的正式使用做好准备。

通过以上系统且详细的步骤，可以成功创建一个有效的虚拟语言环境，为中职英语听说教学提供有力的支持，提高学生的学习效果和语言应用能力。

五、虚拟语言环境的创建方法

(一)利用虚拟现实技术和增强现实技术

1. VR 沉浸式体验

(1)构建完整的虚拟场景：通过专业的 VR 软件开发如 Unity 或 Unreal Engine，创建逼真的英语交流场景，例如英语国家的街道、学校、家庭等。学生戴上 VR 头盔，完全沉浸其中，与虚拟人物进行互动交流。

(2)多感官刺激：在 VR 场景中加入声音、触觉等多种感官元素。例如，学生在虚拟商店购物时，能听到周围的背景音乐和人们的交谈声，触摸到商品的质感，全方位感受真实的语言环境。

(3)任务驱动学习：设计一系列与场景相关的任务，例如问路、点餐、购物砍价等。学生需要用英语完成这些任务，以提高实际语言运用能力。

2. AR 互动

(1)基于地理位置的学习：利用手机的 GPS 和摄像头，结合 AR 技术，当学生身处校园、公园等实际场所时，通过手机屏幕可以看到叠加在现实环境中的英语提示、对话或任务。

(2)教材增强：为传统的英语教材添加 AR 标记，学生使用手机扫描教材页面，即可出现与课文内容相关的三维模型、动画或虚拟角色，进行对话练习。

(3)实时翻译与注释：当学生看到现实中的英文标识或文本时，使用 AR 应用可以获得实时的翻译和注释，帮助理解和记忆。

(二)构建在线模拟交流平台

1. 情境创设

(1)多样化的场景选择：平台提供丰富的场景模板，例如旅游、职场、社交聚会等，学生可以根据自己的兴趣和学习需求选择进入相应的场景。

(2)自定义场景创建：允许学生或教师根据教学内容和实际需求，自行设计和创建独特的交流场景，例如模拟学校的英语演讲比赛、国际会议等。

2. 智能角色互动

(1)内置智能语言伙伴：平台配备具有一定智能水平的虚拟角色，能够与学生进行自然流畅的英语对话，并根据学生的回答给予回应和引导。

(2)角色个性化设置：学生可以为自己的虚拟角色选择外貌、性格、口音等特征，增加互动的趣味性和真实感。

3. 实时语音与文字交流

(1)语音交流功能：支持学生通过麦克风进行实时的英语语音交流，锻炼口语表达能力。同时，系统会对语音进行识别和分析，提供发音纠正建议。

(2)文字聊天辅助：在语音交流的同时，学生也可以通过文字输入进行补充和解释，方便记录重要信息和交流复杂的想法。

4. 社交与协作学习

(1)好友系统与小组功能：学生可以在平台上添加好友，组成学习小组，共同参与场景交流和完成任务，互相鼓励和帮助。

(2)社区分享与评价：学生可以在平台社区分享自己的学习成果和经验，对他人的表现进行评价和建议，形成良好的学习氛围。

(三)多媒体资源整合

1. 3D 动画与视频制作

(1)故事性内容创作：制作具有情节的 3D 动画或视频，将英语听说知识点融入其中，例如通过一个有趣的冒险故事来教授日常用语和表达方式。

(2)角色配音练习：提供未配音的 3D 动画或视频片段，让学生为角色进行英语配音，模仿角色的情感和语气，提高口语表现力。

(3)视角切换与互动元素：在 3D 动画或视频中设置多个视角切换选项以及互动环节，如选择不同的剧情发展方向或回答问题，增强学生的参与感。

2. 音频模拟与情境音效

(1)真实环境音效：收集和录制各种真实的环境音效，例如市场的嘈杂声、海滩的海浪声等，并将其融入相关的英语听说练习中，让学生在听觉上感受不同场景的氛围。

(2)口音与语调模拟：通过音频处理技术，模拟不同英语口音和语调，例如英式英语、美式英语、澳大利亚英语等，让学生熟悉多种语音特点，提高听力理解能力。

(3)音频角色扮演：提供只有角色对话声音的音频素材，让学生根据声音想象场景，并进行角色扮演，用英语重现对话内容。

通过以上多种方法的综合运用，能够为中职学生创建一个生动、有趣、富有挑战性的虚拟语言环境，激发他们的学习兴趣，提高英语听说教学的效果。

六、虚拟语言环境在教学实践中的应用案例分析

(一)"机场登机"虚拟场景

创建一个机场登机的虚拟环境，学生扮演乘客、工作人员等角色，进行登机手续办理、行李托运、航班咨询等英语交流。通过这种方式，学生不仅能够练习相关的词汇和句型，还能学会其在实际场景中的灵活运用。

(二)"英语文化节"在线活动

在模拟交流平台上举办英语文化节，设置不同的文化主题摊位，学生通过在线交流介绍和展示自己所了解的英语国家文化，同时与其他参与者进行互动和讨论。

信息技术支持下的虚拟语言环境创建为中职英语听说教学带来了新的活力和可能性。通过合理运用各种技术手段和方法，能够为学生创造更加真实、有趣、有效的学习环境，提高他们的英语听说能力和综合素养。在实践过程中，虽然会面临一些挑战，但只要学校、教师和学生共同努力，采取有效的解决策略，就能够充分发挥虚拟语言环境的优势，推动中职英语教学的改革和发展。

未来，随着信息技术的不断创新和发展，虚拟语言环境的创建将更加完善和成熟，为中职英语教学带来更多的机遇和突破，培养出更多具有良好英语听说能力和跨文化交际能力的高素质人才。

第四节　智能语音评测系统的应用

在中职英语听说教学中，智能语音评测系统为学生提供了更加个性化、高效和精准的学习体验，有助于提高学生的英语听说能力和综合素养。

一、智能语音评测系统的工作原理

智能语音评测系统是一种基于先进的语音处理和人工智能技术的应用，旨在对学习者的英语听说能力进行准确评估和反馈。其工作原理通常包括以下几个主要步骤。

（一）语音采集

学生通过麦克风或其他录音设备录入自己的英语发音，系统会以一定的采样频率(如每秒若干千次)对输入的声音信号进行数字化采集，将声音转换为数字信号以便后续处理。

（二）语音信号预处理

采集到的语音信号需要进行预处理，以去除噪声、增强有用信号，并将其转换为适合后续分析的格式。这可能包括滤波、端点检测(确定语音的起始和结束点)、分帧(将语音分割为短时间段)等操作。

（三）特征提取

从预处理后的语音信号中提取关键特征。常见的特征包括声学特征，例如短时能量、过零率、梅尔频率倒谱系数(MFCC)等。这些特征能够反映语音的频率、幅度、时长等方面的信息，对于区分不同的语音具有重要意义。

（四）语音识别

系统运用语音识别技术将学生的语音转换为文字。这一过程涉及模式匹配和模型训练，系统会将提取的语音特征与预先建立的语音模型进行比对，以确定学生所说的内容。

（五）对比与评估

将识别出的文字和发音与标准的英语语音模型和语法规则进行对比。标准模型通常包含正确的发音、语调、重音、连读等信息。系统会从多个维度进行评估，例如，第一，语音。判断发音是否与标准音标相符，包括元音、辅音的发音准确性；第二，语调。分析语调的升降、起伏是否符合英语的语调模式；第三，流利度。考量语速是否适中、有无停顿不当或重复；第四，重音和连读。检查重音的位置是否正确，连读是否自然。

（六）生成反馈报告

根据对比评估的结果，系统为学生生成详细的反馈报告。报告可能包括得分、具体的错误分析、改进建议等。反馈形式可以是文字描述、图表展示、语音示范等，以便学生清晰了解自己的优势和不足，并有针对性地进行改进。

总之，智能语音评测系统通过一系列复杂的技术步骤和算法，对学生的英语听说表现进行客观、准确和全面的评估，为中职英语听说教学提供了有力的支持和帮助。

二、智能语音评测系统在中职英语听说教学中的优势

（一）即时反馈与纠错

(1)快速响应：学生在完成口语表达后，智能语音评测系统能够在极短的时间内给出反馈。这种即时性让学生能够立即意识到自己的问题，避免错误的不断重复和强化。

(2)精准指出错误：智能语音评测系统不仅能指出明显的发音错误，还能精确到具体的音素、单词甚至是句子结构的错误。例如，清晰地告知学生某个元音发音不够饱满、某个单词的重音位置错误等。

(3)即时纠正引导：在指出错误的同时，系统可以提供正确的示范发音或表达方式，让学生能够马上进行对比和模仿，及时纠正错误，养成正确的语言表达习惯。

（二）个性化学习支持

(1)初始水平评估：系统在学生开始使用时会通过初步的测试评估学生当前的英语听说水平，包括发音特点、语言理解能力、口语表达流畅度等方面。

(2)定制学习路径：根据评估结果，为每个学生制定专属的学习路径和计划。对于基础薄弱的学生，侧重基础发音和简单对话的练习；对于水平较高的学生，提供更复杂的口语任务和具有挑战性的听力材料。

(3)动态调整内容：随着学生的学习进展和能力提升，系统能够动态调整学习内容的难度和重点，始终保持与学生实际水平相适应，确保学习的有效性和挑战性。

（三）增强学习自主性

(1)灵活的学习时间：学生可以根据自己的时间安排，随时随地使用智能语音评测系统进行学习。无论是在课余时间、周末还是假期，只要有学习的意愿和条件，就能自主开启学习过程。

(2)自主选择练习内容：除了系统推荐的学习内容，学生还可以根据自己的兴趣和需求，自主选择特定的主题、场景或语言知识点进行针对性的听说练习。

(3)自我监督与调整：学生能够通过系统反馈和学习数据，对自己的学习情况进行自我监督和评估。发现问题后，主动调整学习策略和方法，提高自主解决问题的能力。

（四）提高学习兴趣

(1)互动式体验：系统通常设计有互动环节，例如语音对话、角色扮演等，让学生感觉像是在与真实的对象进行交流，增加学习的趣味性和参与感。

(2)游戏化元素：融入游戏化的元素，例如积分、排名、奖励等，激发学生的竞争意识和成就感，使学习过程更像是在玩游戏，减少学习的枯燥感。

(3)多媒体呈现：结合生动的图像、动画、音效等多媒体元素，营造丰富多彩的学习情境，吸引学生的注意力，激发他们对英语听说学习的兴趣和好奇心。

（五）客观公正评价

(1)消除主观偏见：人工评价可能会受到教师个人的喜好、情绪、疲劳等因素的影响，而智能语音评测系统依据预设的标准和算法进行评价，不受主观情感和个人偏见的干扰，保证评价结果的一致性和公正性。

(2)多维度评估：从多个维度对学生的听说能力进行全面评估，包括语音、语调、语速、词汇运用、语法准确性、流利度等，提供更综合、客观的评价报告。

(3)数据驱动的精准性：依靠大量的数据和先进的机器学习算法，系统能够对学生的表现进行更精准的分析和判断，发现人工评价可能容易忽略的细微问题和潜在的发展趋势。

（六）大量练习机会

(1)无限制重复练习：学生可以对同一个练习内容进行无限制次数的重复练习，直至达到满意的效果。这种反复练习有助于强化肌肉记忆和语言习惯的形成。

(2)丰富的题库资源：系统拥有庞大的题库，涵盖各种主题、场景和难度级别的听说练习题目，为学生提供充足的练习素材，满足不同学习需求。

(3)随时模拟测试：除了日常练习，学生还可以随时利用系统进行模拟测试，熟悉考试形式和要求，提高应考能力和心理素质。

(七)精准发音指导

(1)细致的音素分析：对每个音素的发音进行细致的分析和比对，精确到嘴唇的形状、舌头的位置、气流的控制等方面，为学生提供极为具体的发音改进建议。

(2)语调与重音训练：帮助学生掌握英语的语调模式和单词的重音规律，通过对句子的整体语调分析和单词重音的标注，让学生的口语更具韵律和节奏感。

(3)连读与弱读指导：针对英语中的连读、弱读等发音技巧，系统能够进行专门的训练和指导，使学生的口语更加自然、流畅，接近母语者的水平。

(八)数据分析与跟踪

(1)学习行为记录：系统详细记录学生的学习时间、练习次数、错题情况等学习行为数据，为教师和学生提供全面的学习过程信息。

(2)进步趋势分析：通过对一段时间内的数据进行分析，呈现学生在听说能力各方面的进步趋势，让学生直观地看到自己的努力成果，增强学习信心。

(3)薄弱环节识别：能够准确识别学生的薄弱环节和容易出错的知识点，为教师制订个性化的辅导计划，为学生提供有针对性的强化练习依据。

(九)适应多种口音

(1)纳入多元口音样本：系统中包含了来自不同英语国家和地区的多种口音样本，例如英式英语、美式英语、澳大利亚英语等，让学生接触到丰富的语音输入，提高对不同口音的理解和适应能力。

(2)口音对比训练：提供不同口音之间的对比练习，帮助学生分辨和掌握各种口音的特点和差异，增强在国际交流中的语言沟通能力。

(3)培养听力敏感度：通过反复接触多种口音，培养学生对语音细节的敏感度，使其在实际交流中能够更快速、准确地理解不同口音的表达。

(十)模拟真实语境

(1)创设逼真场景：利用虚拟现实技术或多媒体素材，为学生创设逼真的生活、工作、学习等各种真实场景，让学生在近似实际的情境中进行听说练习。

(2)随机情境生成：系统可以随机生成各种交流情境和话题，培养学生在不同场景下灵活运用语言的能力，提高应对实际交流中各种突发情况的能力。

(3)文化背景融入：在模拟的场景中融入相关的文化背景知识和社交礼仪，

让学生不仅学会语言表达，还能了解语言背后的文化内涵，使交流更加得体、自然。

三、智能语音评测系统在中职英语听说教学中的具体应用

智能语音评测系统是一种利用人工智能技术对语音进行自动评估和分析的系统，可以用于语音识别、语音合成、语音情感分析、语音质量评估等应用场景。在中职英语听说教学中，该系统可以通过对学生的口语发音进行自动识别、分析和评分，从而评估学生的口语能力和发音准确性，为教学提供高质量的全真模拟考试与训练环境。具体应用如下。

（一）课堂教学辅助

1. 口语练习

（1）即时发音纠正：教师在课堂上组织学生进行口语练习，学生通过智能语音评测系统朗读单词、句子或短文。系统能够即时检测学生的发音，并将不准确的音素标识出来，提供准确的发音示范，让学生能够立即意识到自己的发音错误并进行纠正。

（2）语调与重音指导：对于英语中的语调起伏和单词重音，系统可以分析学生的表现并给予反馈。例如，当学生在朗读句子时语调过于平淡或重音位置错误，系统会提示学生注意语调的变化和重音的正确位置，帮助学生掌握自然流畅的口语表达。

（3）流利度评估：智能语音评测系统能够测量学生口语表达的语速和停顿情况，评估流利度。如果学生在表达过程中出现过多的停顿、重复或语速过慢，系统会提醒学生注意提高表达的连贯性，培养流畅的口语表达习惯。

2. 互动活动

（1）小组对话评估：安排学生进行小组对话练习，每个小组的对话内容都可以通过智能语音评测系统进行记录和评估。系统不仅能够对每个学生的表现分别给出评价，还能分析小组整体的交流效果，例如语言的连贯性、互动的有效性等，为教师提供全面的评估依据。

（2）角色扮演反馈：在角色扮演活动中，学生模拟各种场景进行英语交流。系统可以对学生在角色中的语音表现进行分析，包括情感的表达、语气的把握等，让学生更好地理解如何通过语音来塑造角色和传达情境。

（3）竞赛激励：组织口语竞赛活动，学生在规定时间内完成口语任务，系统根据表现进行打分和排名。这种竞赛形式能够激发学生的竞争意识、提高参与度，同时，系统的即时反馈和排名结果能够让学生清楚地看到自己的优势和不

足，进一步促进学习动力。

3. 教学资源整合

(1)多媒体素材配合：教师在使用多媒体教学资源，例如英语电影片段、歌曲、动画等时，结合智能语音评测系统，让学生模仿其中的语音语调进行练习。系统能够对比学生的模仿与原声，给予针对性的建议，帮助学生更好地学习和模仿地道的英语发音。

(2)教材内容拓展：对于教材中的听说内容，系统可以提供更多的相关练习和拓展材料。例如，在学习某个主题的对话后，系统提供类似场景的不同对话示例，让学生进行练习并评估，加深对教材内容的理解和应用。

4. 个性化教学

(1)分层教学支持：根据学生的初始水平和学习进度，教师可以利用智能语音评测系统将学生分为不同层次的小组。为每个小组设置不同难度的口语任务，系统针对每个层次的学生给出相应的评价和建议，满足不同层次学生的学习需求。

(2)个别辅导：对于口语困难较大的学生，教师可以在课堂上借助智能语音评测系统对其进行一对一的辅导。系统详细分析学生的问题所在，教师根据这些分析为学生制订个性化的改进计划，提供更精准的帮助。

综上所述，智能语音评测系统在中职英语听说教学的课堂教学辅助中发挥着重要作用，通过提供口语的练习、丰富多样的互动活动、整合教学资源以及支持个性化教学，能够有效提高学生的口语水平和学习积极性，提升课堂教学效果。

(二)在线学习产品

1. 移动应用程序(App)

(1)随时随地练习：学生可以通过手机下载相关的英语听说学习 App，利用碎片化时间随时随地进行口语练习。无论是在课间、上下学路上还是在家中，只要有网络连接，都能开启学习。

(2)丰富的课程内容：这些 App 通常提供多样化的课程，涵盖各种主题和难度级别。从基础的音标发音到日常对话、商务英语等，满足不同学生的需求和兴趣。

(3)个性化学习路径：根据学生的初始水平和学习目标，智能语音评测系统为其制订个性化的学习计划。例如，对于发音薄弱的学生，系统会推送更多侧重发音纠正的练习；对于想要提高流利度的学生，系统则提供大量的对话模拟练习。

(4)互动式学习体验：很多 App 设计了互动环节，例如与虚拟角色对话、口语游戏等。在练习过程中，智能语音评测系统实时评估学生的表现，给予及时反馈和鼓励，增加学习的趣味性和参与度。

(5)社区交流功能：学生可以在 App 内的社区与其他学习者交流心得、分享经验，还可以互相听取对方的口语录音并给予评价和建议，形成良好的学习氛围。

2. 在线学习平台

(1)系统化课程体系：在线学习平台通常拥有完整的英语听说课程体系，按照教学大纲和能力等级进行划分。学生可以根据自己的中职英语学习阶段，选择相应的课程进行系统学习。

(2)模拟考试环境：为了帮助学生适应各类英语听说考试，平台提供模拟考试功能。学生在规定时间内完成听说任务，智能语音评测系统按照考试标准进行打分和评估，让学生了解自己的水平以及自己的不足之处。

(3)教师在线辅导：部分在线学习平台配备了专业的英语教师，学生在学习过程中遇到问题可以向教师请教。教师可以通过查看学生的学习记录和评测结果，有针对性地进行辅导和指导。

(4)大数据分析与学习跟踪：系统会对学生的学习数据进行收集和分析，包括练习次数、错误类型、进步情况等。通过这些数据，学生能够直观地了解自己的学习轨迹，发现自己的优势和需要改进的地方；教师也可以根据班级或个体的数据，调整教学策略和重点。

(5)资源整合与拓展：在线学习平台整合了大量的优质学习资源，例如音频、视频、文本等。学生在进行口语练习的同时，可以获取丰富的听力输入和阅读材料，拓宽英语学习的视野。

综上所述，智能语音评测系统在中职英语听说教学的在线学习产品中，通过提供便捷性、个性化、互动性和系统性的学习体验，为学生创造了更加高效和有趣的学习环境，有助于提升他们的英语听说能力。

(三)考试评测

智能语音评测系统可以应用于英语听说考试中，例如全国大学英语四级、六级口语考试以及普通话水平测评等，实现机器自动化评分，提高评测效率和准确性。

总的来说，智能语音评测系统在中职英语听说教学中的应用可以为学生提供更加个性化、高效的学习体验，同时，也可以为教师提供更加科学、准确的教学评估依据。

四、智能语音评测系统的应用与其他教学方法的结合

(一)与情景教学法结合

1. 创设真实场景

(1)教师利用多媒体资源创设丰富多样的真实生活或工作情景，例如购物、旅游、面试等。

(2)在这些情景中融入智能语音评测系统，让学生在特定的情境下进行口语表达练习。

2. 即时语音反馈

(1)学生在模拟情景中进行对话时，智能语音评测系统能够实时评估他们的发音、语调、流利度等方面，并立即给出反馈。

(2)教师可以根据反馈引导学生调整表达方式，使其更符合情景需求。

3. 增强情境体验

例如，在旅游情景中，学生需要用英语向虚拟的“导游”咨询景点信息，系统根据学生的表述进行评价，同时，教师可以进一步强调在这种情境下的常用词汇和句型，加深学生的记忆。

(二)与任务驱动教学法结合

1. 设定具体任务

(1)教师设计具有明确目标和任务要求的听说活动，例如小组讨论、主题演讲、故事复述等。

(2)要求学生使用智能语音评测系统完成任务，并提交口语录音。

2. 自主探究与合作学习

(1)学生在完成任务的过程中，可以自主探究相关的语言知识和表达技巧，也可以通过小组合作的方式互相交流和帮助。

(2)系统对每个学生的表现进行单独评估，同时教师可以观察小组的整体表现，了解学生在任务中的困难和问题。

3. 基于评价的改进

(1)智能语音评测系统提供的详细评价数据，帮助学生了解自己在任务完成过程中的优点和不足。

(2)教师根据系统的评价和学生的实际情况，给予针对性的指导和建议，促使学生不断改进和提高。

(三)与项目式教学法结合

1. 项目规划

(1)教师设计一个完整的英语听说项目，例如制作英语短视频、组织英语晚会等。

(2)将项目分解为多个子任务，并明确每个子任务的听说要求和目标。

2. 过程性评估

(1)在项目实施的各个阶段，学生运用智能语音评测系统对自己和小组成员的口语表现进行评估。

(2)教师通过系统了解学生的进展情况，及时给予支持和指导，确保项目顺利进行。

3. 成果展示与评价

(1)项目完成后，学生展示成果，例如播放制作的短视频、进行晚会表演等。

(2)智能语音评测系统对最终的口语成果进行综合评价，同时结合教师评价、学生互评等方式，全面评估学生在项目中的英语听说能力提升情况。

通过将智能语音评测系统与情景教学法、任务驱动教学法、项目式教学法等多种教学方法相结合，能够充分发挥信息技术的优势，为中职英语听说教学带来更丰富、更有效的教学体验，提高学生的英语听说水平和综合语言运用能力。

五、实际案例分析

以某中职学校为例，在引入智能语音评测系统后，学生的英语口语水平有了显著提高。通过对学生前后测试成绩的对比分析，发现学生在语音准确性、语调自然度和流利度等方面都有了明显的进步。同时，学生的学习积极性和自信心也得到了增强。

未来，随着技术的不断进步和完善，相信智能语音评测系统将在中职英语教学中发挥更大的作用，为培养具有良好英语听说能力的高素质人才提供有力支持。

第五章　信息技术在中职英语读写教学中的应用

信息技术在中职英语读写教学中的应用，指的是将各种现代信息技术手段，例如多媒体资源、网络平台、教学软件、智能设备等，融入中职英语读写课程的教学过程中。

具体来说，它包括利用多媒体展示生动的图片、音频、视频来辅助阅读理解，激发学生的学习兴趣；通过在线学习平台提供丰富的阅读材料和写作练习，满足不同水平学生的个性化需求；运用文字处理软件和自动批改工具对学生的写作进行及时反馈和评估，帮助学生提高写作水平；借助网络通信工具实现师生之间、学生之间的远程交流与协作，共同探讨读写教学中的问题和技巧。

第一节　多媒体资源辅助教学

在当今数字化时代，信息技术为教育领域带来了深刻的变革。在中职英语读写教学中，多媒体资源凭借其丰富多样的形式和内容，成为提升教学质量和效果的有力工具。

一、多媒体资源在中职英语读写教学中的作用

（一）丰富教学内容

(1)拓展知识广度：多媒体资源能够引入教材之外的丰富素材，包括时事新闻、经典文学作品、流行文化等，让学生接触到更广泛的英语语言应用场景和多样的文体风格。

(2)增加信息深度：通过视频、音频等形式，可以提供语言背后的文化、历史、社会背景等深层次信息，帮助学生更好地理解语言的内涵和使用语境。

(3)实时更新：网络上的多媒体资源能够及时反映最新的语言用法和社会动态，使教学内容与时俱进，保持新鲜感和实用性。

（二）激发学习兴趣

(1)视觉与听觉刺激：图像、动画和声音的结合能够吸引学生的注意力，调动他们的多种感官参与学习，使学习过程更加生动有趣，减少学习的枯燥感。

(2)个性化选择：多媒体资源的多样性允许学生根据自己的兴趣和喜好选择相关的学习材料，例如喜欢音乐的学生可以通过英语歌曲来学习，喜欢电影的学生可以通过英语电影片段来提高读写能力。

(3)增强参与感：互动式的多媒体学习软件或平台能够让学生积极参与其中，例如完成任务、回答问题、进行游戏等，提高他们的学习主动性。

(三)增强直观感受

(1)化抽象为具体：对于复杂的语法结构、生僻的词汇或抽象的主题，多媒体资源可以通过具体的图像、实例或演示来进行解释，让学生更容易理解和记忆。

(2)呈现真实场景：视频和音频能够展示真实的英语交流场景，例如对话、演讲、采访等，让学生直观地感受语言的实际运用，包括语音语调、肢体语言和表情等非语言信息。

(3)直观比较与分析：通过图表、动画等方式，可以直观地对比不同的语言表达方式、文体特点，帮助学生进行分析和总结。

(四)培养跨文化意识

(1)文化展示：多媒体资源可以生动地呈现英语国家的文化元素，例如节日庆典、传统习俗、艺术作品等，让学生亲身感受不同文化的魅力和特色。

(2)价值观念传递：电影、纪录片等能够传达英语国家的价值观念、思维方式和社会规范，促进学生对不同文化价值观的理解和尊重。

(3)文化差异对比：通过对比中国文化和英语国家文化的差异，培养学生的跨文化敏感度和包容度，使他们在英语读写中能够更准确地理解和运用语言，避免文化误解。

综上所述，多媒体资源在中职英语读写教学中发挥着多方面的重要作用，能够从多个角度提升教学效果，激发学生的学习动力和潜力，培养学生的综合语言素养和跨文化交际能力。

二、多媒体资源在中职英语读写教学中的具体应用

(一)阅读教学中的应用

1. 课前导入

教师在开始阅读课程之前，可以播放一段与阅读主题相关的英语短视频，例如关于旅游的纪录片片段来引入旅游主题的阅读文章；或者展示一些引人入胜的图片，例如著名的建筑、美丽的风景等，激发学生对即将阅读的内容的好奇心和兴趣。

2. 辅助理解

(1)对于较为复杂的文章，教师可以利用动画来解释抽象的概念或过程。例如，在一篇关于科技发明的文章中，通过动画展示某个发明的工作原理。

(2)利用图表来梳理文章的结构和关键信息。例如，对于说明文，可以制作一个流程图来展示事物的发展过程，或者用表格对比不同产品的特点和优势。

3. 拓展阅读

(1)提供相关的英语电子书籍或在线文章链接，让学生在课后根据自己的兴趣和能力进行自主阅读。例如，在学习了关于环保的课文后，推荐学生阅读一些关于可持续发展的英文报道。

(2)利用在线阅读平台，为学生推荐适合他们水平的分级阅读材料，这些材料可以根据学生的阅读进度和理解情况进行个性化调整。

(二)写作教学中的应用

1. 激发灵感

(1)展示一系列精美的图片，让学生选择其中一张并根据图片内容进行故事创作。

(2)播放一段富有启发性的英语演讲或电影片段，引导学生思考其中的观点和情感，并鼓励他们将这些想法转化为文字。

2. 技巧讲解

(1)运用多媒体课件，以图文并茂的方式展示不同类型作文的结构框架，例如议论文的“提出论点—论据支持—总结结论”结构，并配以具体的例子进行说明。

(2)利用视频讲解如何运用丰富的词汇和多样的句型来提升作文的质量，通过实例对比简单和复杂的表达方式，让学生直观感受语言的魅力。

3. 写作评价与反馈

(1)学生将作文以电子文档的形式提交，教师可以使用文字处理软件中的批注和修订功能，直接在文档中指出语法错误、词汇使用不当等问题，并给出具体的修改建议。

(2)利用在线写作评估工具，对学生的作文进行自动评分和分析，提供关于词汇、语法、拼写、逻辑等方面的详细报告，帮助学生了解自己的强项和薄弱环节。

4. 范文展示

(1)展示优秀的英语范文，通过幻灯片的形式逐句分析其优点，包括清晰的逻辑、准确的语法、丰富的词汇和恰当的连接词等。

(2)让学生对比自己的作文和范文，找出差距并进行反思，从而明确努力的方向。

总之，多媒体资源在中职英语读写教学中的应用形式多样且灵活，可以根据教学目标、学生水平和课程内容进行有针对性的选择和设计，以提高教学效果和学生的英语读写能力。

三、多媒体资源的选择原则

(一)相关性

(1)教学目标相关性：所选多媒体资源应与具体的教学目标紧密相连。如果教学目标是提高学生对特定语法结构的理解和运用，那么应选择包含大量该语法结构实例的阅读材料或讲解视频。例如，在教授现在进行时这一语法点时，选择描述正在发生动作的英语短文或相关的教学视频。

(2)读写内容相关性：资源要与正在进行的读写教学内容相契合。如果正在学习关于旅游的读写篇章，那么选择的图片、音频或视频应围绕旅游主题，例如著名旅游景点的介绍、旅游经历的分享等，以帮助学生更好地理解和应用所学的语言知识。

(二)适度性

(1)数量适度：避免过多的多媒体资源导致信息过载，使学生感到混乱和疲惫。教师应精心挑选最能突出重点、解决关键问题的资源，确保每个资源都能发挥其最大价值。例如，在一堂 45 分钟的读写课中，使用 3－5 个高质量的多媒体资源可能较为合适。

(2)时长适度：所选资源的时长要适中，既能够充分传递关键信息，又不会占用过多的课堂时间。对于短视频，一般控制在 3－5 分钟；对于音频材料，根据教学环节和学生的注意力集中程度，选择适当长度的片段。

(三)适宜性

(1)学生英语水平适宜：要考虑学生的现有英语语言能力和水平。对于基础较弱的学生，选择简单、清晰、语速较慢的资源，例如基础的英语对话、简单的故事等，逐步培养他们的语感和理解能力。对于水平较高的学生，可以提供更具挑战性的资源，例如复杂的英语新闻报道、专业领域的文章等。

(2)学生认知能力适宜：要符合学生的认知发展阶段和心理特点。对于中职学生，应选择生动、有趣、贴近生活实际的资源，能够引起他们的共鸣和兴趣。例如，选择与他们年龄相仿的角色或熟悉的场景的英语影视片段。

总之，在信息技术应用于中职英语读写教学时，遵循相关性、适度性和适宜性的选择原则，能够确保多媒体资源有效地辅助教学，提高学生的学习效果和兴趣。

四、多媒体资源的整合方法

（一）与教材结合

（1）补充教材内容：根据教材的主题和知识点，选择相关的多媒体资源来丰富和拓展。例如，如果教材中正在学习关于美食的单元，可以引入介绍各国美食文化的视频、展示美食制作过程的图片集或者有关美食的英语歌曲。

（2）强化教材重点：利用多媒体资源突出和强调教材中的关键语言点、语法结构或写作技巧。例如，对于某个复杂的语法规则，通过动画演示或者有声例句来加深学生的理解和记忆。

（3）延伸教材话题：以教材中的话题为基础，借助多媒体资源引导学生进行更深入的思考和讨论。例如，教材中提到了环境保护，那么可以展示一些关于环境污染现状的震撼图片或者相关的纪录片片段，激发学生对这一问题的关注和思考，并将其转化为写作的灵感。

（二）跨学科融合

（1）与其他学科知识关联：将英语读写教学与其他学科如历史、地理、科学等的知识相结合。例如，在学习关于历史事件的英语文章时，可以同时展示相关的历史图片、地图或者简短的历史纪录片，帮助学生更好地理解背景知识，从而提高对文章的理解和写作能力。

（2）跨学科主题探究：选择涉及多个学科领域的多媒体资源，组织学生进行综合性的主题探究活动。例如，以“可持续发展”为主题，整合来自经济、环境科学、社会研究等方面的英语资料，让学生在阅读和分析的基础上进行写作，阐述自己对这一复杂问题的看法。

（三）个性化定制

（1）基于学生兴趣：了解每个学生的兴趣爱好和特长，有针对性地选择多媒体资源。对于喜欢音乐的学生，可以提供英语歌曲及歌词分析；对于对电影感兴趣的学生，可以选用经典电影片段进行教学。

（2）适应学习风格：考虑到学生不同的学习风格，例如视觉型、听觉型、动觉型等，选择多样化的多媒体资源。对于视觉型学习者，多提供图片、图表；对于听觉型学习者，增加英语音频材料；对于动觉型学习者，可以设计一些互动性强的多媒体活动。

(3)分层教学需求：根据学生的英语水平和学习能力进行分层，为不同层次的学生定制不同难度和类型的多媒体资源。对于基础较弱的学生，选择简单易懂、基础性强的资源；对于能力较强的学生，提供更具挑战性和深度的内容。

通过以上多媒体资源的整合方法，可以充分发挥信息技术的优势，为中职英语读写教学创造更加丰富、生动和有效的学习环境，提高学生的学习积极性和学习效果。

五、多媒体资源的教学策略

(一)引导式使用

(1)明确学习目标：在使用多媒体资源之前，教师要向学生清晰地阐述本次教学中多媒体资源与读写学习目标的关联，让学生明白他们通过观看、聆听或阅读这些资源能够获得什么知识和技能。

(2)提出引导问题：在展示多媒体资源之前或过程中，教师提出一系列有针对性的问题，引导学生关注资源中的关键信息和语言要点。例如，在播放一段英语视频时，教师可以问“What key words can you catch related to the topic?”。

(3)指导观察方法：教会学生如何有效地观察图像、倾听音频或观看视频。例如，提醒学生注意人物的表情、语气，或者文章中的图表数据等，培养他们提取重要信息的能力。

(二)互动式学习

(1)小组讨论：组织学生以小组为单位，围绕多媒体资源的内容进行讨论。每个小组可以分享他们对资源的理解、观点和感受，促进学生之间的思想交流和语言表达。

(2)角色扮演：根据多媒体资源中的情境，让学生进行角色扮演活动。这不仅能增强学生对语言的实际运用能力，还能让他们更深入地体验和理解所学习的内容。

(3)在线互动平台：利用在线学习平台或社交媒体，让学生在课后也能继续就多媒体资源的内容进行交流和互动。教师可以参与其中，及时给予指导和反馈。

(三)多样化活动

(1)写作模仿：在学生观看或阅读优秀的多媒体英语范文后，要求他们模仿范文的结构、词汇和句式进行写作练习，从而提高写作技巧。

(2)故事续写：对于一个未完成的多媒体故事，让学生根据已有的情节和自己的想象进行续写，培养创造力和想象力的同时，锻炼英语写作能力。

(3)观点评论：展示有争议性的多媒体内容，鼓励学生发表自己的观点和评论，并用英语进行书面表达。这有助于培养学生的批判性思维和独立思考能力。

通过以上教学策略的应用，可以充分发挥多媒体资源在中职英语读写教学中的作用，激发学生的学习兴趣，提高他们的语言综合运用能力和读写水平。

六、多媒体资源应用的注意事项

(一)版权问题

(1)合法使用：确保所选用的多媒体资源具有合法的版权，遵循相关的法律法规。未经授权使用受版权保护的材料可能会引发法律纠纷，对教学活动造成不良影响。

(2)来源可靠：获取多媒体资源应从正规、可信的渠道，例如官方教育网站、知名的在线教育平台、授权的资源库等，避免下载或使用可能存在版权争议的内容。

(3)尊重知识产权：教育学生尊重版权，培养他们的知识产权意识，使他们明白在学习和创作过程中要遵守法律，不随意抄袭和盗用他人的作品。

(二)技术设备支持

(1)硬件设施：教学场所应配备性能良好的电脑、投影仪、音响设备等，以确保多媒体资源能够流畅地展示和播放，不出现卡顿、死机等问题影响教学进度和效果。

(2)软件兼容性：提前检查所使用的多媒体资源与教学设备上的操作系统及软件的兼容性，避免出现无法打开、格式错误或显示异常等情况。

(3)网络稳定性：如果需要在线获取或播放多媒体资源，要保证稳定的网络连接，避免因网络波动导致资源加载缓慢或中断，影响教学的连续性。

(4)技术故障应对：教师应具备基本的技术故障排除能力，或者在遇到问题时能够及时寻求技术人员的帮助，确保教学能够顺利进行。同时，也要提前准备好备用方案，例如在网络故障时能够切换到本地存储的资源进行教学。

(三)教师的角色

(1)引导而非主导：教师在多媒体资源的应用中应起到引导和辅助的作用，而不是让资源完全主导教学过程。要根据学生的反应和学习情况，适时地暂停、解释、提问，引导学生进行思考和讨论。

(2)关注学生反应：在使用多媒体资源时，密切关注学生的表情、动作和参与度，及时调整教学节奏和方法。如果学生表现出困惑或不感兴趣，要及时更换资源或调整教学策略。

(3)促进互动交流：鼓励学生在观看或阅读多媒体资源后积极发表自己的观点和感受，组织学生进行小组讨论或全班交流，而不是让学生只是被动地接受信息。

(4)知识深化与拓展：利用多媒体资源激发学生的兴趣后，进一步引导学生深入学习相关的语言知识和文化背景，进行知识的拓展和深化，而不仅仅停留在资源表面的呈现。

(四)学生的注意力

(1)避免过度刺激：虽然多媒体资源可以通过丰富的形式吸引学生的注意力，但要注意避免过度的视觉、听觉刺激导致学生注意力分散或疲劳。应选择简洁、清晰、重点突出的资源。

(2)时间控制：合理安排多媒体资源的展示时间，不宜过长，以免学生长时间处于被动接受信息的状态，影响他们的主动思考和学习积极性。

(3)引导专注：在使用多媒体资源前，向学生明确学习任务和重点，让他们带着问题和目的去观看或阅读，提高注意力的集中度和学习效果。

总之，在中职英语读写教学中应用多媒体资源时，要充分考虑到版权、技术、教师角色和学生注意力等方面的问题，以确保多媒体资源能够有效地辅助教学，提高教学质量和学生的学习效果。

第二节　在线学习平台与教育软件

读写能力是英语学习的核心技能之一，对于中职学生未来的职业发展和个人成长具有重要意义。

一、在线学习平台的特点与优势

(一)资源丰富多样

在线学习平台能够整合大量优质的英语读写学习资源，包括各种题材和体裁的文章、经典范文、阅读练习、写作模板等。例如，在一些知名的英语学习平台上可以找到与职场英语、商务英语相关的读写材料，贴合中职学生未来的职业需求。

(二)个性化学习体验

根据学生的英语水平、学习进度和偏好，为每个学生定制个性化的学习路径和课程内容。例如，平台通过入学测试评估学生的词汇量、语法掌握程度等，然后为其推送适合的阅读材料和写作任务。

（三）互动与交流便捷

学生可以在平台上与教师、同学实时互动交流。例如，在讨论区针对某个读写话题发表观点，分享自己的写作思路，或者向教师请教问题。

（四）学习数据跟踪与分析

平台能够记录学生的学习行为和成果，为教师提供详细的数据分析，帮助教师了解学生的学习状况，发现问题并及时调整教学策略。

二、在线学习平台在阅读教学中的应用

（一）分级阅读材料推荐

根据学生的阅读能力，平台为其推荐不同难度等级的阅读文章。例如，对于基础较弱的学生，推荐简单易懂的记叙文；对于水平较高的学生，推荐复杂的科技类或学术类文章。

（二）阅读技巧指导

通过视频教程、文字说明等方式，为学生传授阅读技巧，例如快速阅读、精读、推理判断等。

（三）阅读任务与测试

布置阅读任务，例如回答问题、总结主旨、填写表格等，并进行在线测试，及时反馈学生的阅读效果。

三、在线学习平台在写作教学中的应用

（一）写作模板与范例

提供丰富的写作模板和优秀范文，让学生学习不同类型文章的结构和语言表达方式。

（二）写作练习与批改

学生在线完成写作练习后，平台可以利用智能批改系统进行初步批改，指出语法错误、词汇使用不当等问题。教师再进行人工批改，给出更具针对性的建议和评价。

（三）写作反馈与改进

学生根据批改意见进行修改，多次提交，形成写作能力不断提升的良性循环。

四、在线学习平台应用中的注意事项

（一）教师引导与监督

教师要引导学生正确使用平台，避免学生在学习过程中偏离目标。同时，要加强对学生学习情况的监督，确保学生有效参与。

（二）网络环境保障

学校要提供稳定的网络环境，确保学生能够顺畅地使用在线学习平台。

（三）培养学生自主学习能力

通过引导和激励，培养学生的自主学习意识和能力，让他们能够充分利用平台资源提升自己。

总之，在线学习平台为中职英语读写教学提供了新的途径和方法。合理运用这一工具，能够激发学生的学习兴趣，提高读写教学的效果和质量。

五、常见的英语读写教育软件类型

在中职英语读写教学中，教育软件的应用为教学带来了新的活力和可能性。这些软件凭借其独特的功能和特点，有效地辅助学生提升英语读写能力。

（一）词汇学习软件

例如百词斩、沪江开心词场等，通过多种有趣的方式帮助学生记忆单词。

（二）语法学习软件

例如语法宝、英语语法大师等，以清晰的讲解和丰富的练习帮助学生掌握语法规则。

（三）阅读训练软件

例如薄荷阅读、扇贝阅读，提供各种难度级别的英语文章，并配有阅读技巧指导和理解练习。

（四）写作辅助软件

例如批改网、易改等，能够对学生的作文进行自动批改和纠错，给出详细的改进建议。

六、教育软件在阅读教学中的应用

（一）提升阅读兴趣

软件中的丰富阅读素材涵盖了故事、新闻、科普等多种题材，满足不同学生的兴趣爱好，激发他们主动阅读的欲望。

例如，学生对科幻感兴趣，就可以在相关软件中找到科幻类的英语阅读材料。

（二）培养阅读技巧

通过设置阅读任务和提示，引导学生学会预测、推理、总结等阅读技巧。

例如，某些软件会在文章中设置问题，让学生在阅读过程中思考，锻炼其理解能力。

（三）增强阅读理解

阅读后的练习题和解析帮助学生检验对文章的理解程度，加深对知识点的掌握。

例如，软件中的阅读理解题目会涵盖细节理解、主旨大意、推理判断等多种类型。

七、教育软件在写作教学中的应用

（一）规范写作格式

提供标准的写作模板，让学生了解不同类型文章的结构和格式要求。

例如书信、议论文、记叙文等都有相应的模板供学生参考。

（二）丰富写作表达

软件中的词汇和句型推荐，帮助学生积累丰富的语言素材，提升写作的表达水平。

当学生想要表达“重要”这个意思时，软件会给出“important”“significant”“crucial”等不同词汇供选择。

（三）及时反馈与改进

快速给出批改结果和建议，让学生能够及时发现问题并进行修改。

学生提交作文后，软件会指出语法错误、拼写错误等，并提供修改示例。

八、应用教育软件的注意事项

（一）合理选择软件

教师应根据教学目标和学生实际情况，挑选适合的教育软件。

（二）适度使用

避免过度依赖软件，要将软件学习与课堂教学、自主思考相结合。

(三)关注个体差异

不同学生对软件的适应程度不同，教师要给予个性化的指导。

综上所述，教育软件在中职英语读写教学中具有重要的应用价值，能够丰富教学手段，提高学生的学习效果，但在使用过程中要注意合理、适度，以充分发挥其优势。

第三节　电子阅读与写作工具

随着信息技术的飞速发展，电子阅读与写作工具逐渐成为教育领域的重要辅助手段。在中职英语读写教学中，合理运用这些工具能够有效提升学生的学习效果和综合语言能力。

一、电子阅读工具的特点与优势

(一)丰富多样的内容资源

(1)海量藏书：电子阅读工具提供了海量的英语书籍、文章和资料，涵盖各种体裁、主题和难度级别。

例如，学生可以轻松获取经典的英文名著、最新的英语新闻报道、专业领域的学术文献等。

(2)实时更新：能够及时提供最新的阅读材料，使学生接触到最前沿的语言表达和信息。

例如在线英语杂志和博客，不断更新内容，让学生了解当下的热门话题和流行用语。

(二)个性化的阅读体验

(1)自适应难度：根据学生的语言水平和阅读能力，调整阅读材料的难度，逐步提升学生的阅读水平。

某些电子阅读平台通过前期测试或阅读历史分析，为学生推送适合其程度的文章。

(2)阅读设置灵活：可以调整字体大小、颜色、亮度，甚至可以选择语音朗读功能，满足不同学生的阅读需求和习惯。

对于视力不好的学生，可以放大字体；对于喜欢听读的学生，开启语音功能有助于提高阅读效果。

(三)便捷的交互与学习功能

(1)注释和笔记：学生能够在阅读过程中随时做笔记、标注重点和写下自己的理解与感悟。

这有助于加深对阅读内容的记忆和理解，方便后续复习和回顾。

(2)词典和翻译：内置词典和翻译工具，学生遇到生词或不理解的句子时可以即时查询，不影响阅读的连贯性。

例如，在阅读英文小说时，遇到不熟悉的单词，轻点即可获取释义和例句。

(四)数据跟踪与分析

(1)阅读记录：记录学生的阅读时间、阅读量、阅读速度等数据，帮助学生了解自己的阅读进展和习惯。

学生可以通过这些数据看到自己的阅读成长，从而更有动力继续阅读。

(2)学习评估：一些平台还能根据学生的阅读表现提供评估报告，为教师和学生提供有针对性的改进建议。

二、电子写作工具的特点与优势

(一)实时纠错与语法指导

(1)语法和拼写检查：即时指出语法错误、拼写错误和标点问题，并给出正确的修改建议。

当学生输入“Im happy”时，工具会提示应改为“I'm happy”。

(2)词汇推荐：根据上下文提供合适的词汇选择，丰富学生的表达。

写作“big”时，可能会推荐“huge”“enormous”等更准确或更高级的词汇。

(二)模板与范例参考

(1)提供多种文体的写作模板，例如议论文、记叙文、书信等，帮助学生构建文章结构。

学生在写求职信时，可以参考给定的模板，确保格式和内容的规范性。

(2)丰富的范文库，让学生学习优秀的写作思路、逻辑和语言运用。

通过阅读和分析范文，学生能够汲取灵感，提升自己的写作水平。

(三)写作辅助功能

(1)思路启发：通过提问、提示等方式，帮助学生开拓写作思路，克服写作时的思维障碍。

例如在写关于环保的文章时，工具可能会提示可以从污染现状、影响、解决措施等方面展开。

(2)查重功能：有助于确保学生的作品具有原创性，避免抄袭现象。

(四)便携与高效

(1)随时随地可用：只要有电子设备和网络连接，学生可以在任何时间、任何地点进行写作练习。

无论是在课堂上、家里还是外出旅行，都能利用碎片时间进行写作。

(2)快速保存与编辑：自动保存学生的写作内容，方便随时修改和完善，提高写作效率。

三、电子阅读工具在中职英语阅读教学中的应用

(一)丰富阅读资源

(1)提供海量的英语读物，包括经典文学作品、科普文章、新闻报道等，拓宽学生的阅读视野。

例如，学生可以通过亚马逊 Kindle 平台获取各类英文电子书。

(2)涵盖多种难度级别，适应不同英语水平的学生。

例如分级阅读软件，能根据学生的能力推送合适难度的文章。

(二)增强阅读体验

(1)配有生动的图片、音频和视频，使阅读内容更加直观、有趣。

例如一些有声读物，能帮助学生更好地理解文章内容和感受语言的韵律。

(2)具备互动功能，例如注释、标注、书签等，方便学生做笔记和标记重点。

学生在使用 iPad 上的阅读软件时，可以随时写下自己的理解和疑问。

(三)个性化阅读指导

(1)根据学生的阅读历史和偏好，推荐相关的阅读材料。

某些阅读 App 能根据学生的浏览记录进行个性化推荐。

(2)实时监测学生的阅读进度和理解情况，为教师提供反馈，以便进行针对性辅导。

四、电子写作工具在中职英语写作教学中的应用

(一)语法和拼写检查

(1)自动检测语法错误和拼写错误，并给出修改建议。

例如 Microsoft Word 的拼写和语法检查功能，能及时指出错误并提供正确的表达方式。

(2)帮助学生养成正确的语言使用习惯，提高写作的准确性。

(二)词汇推荐和拓展

(1)当学生输入某个单词时，提供相关的同义词、反义词和词组，丰富词汇

表达。

利用有道写作助手，输入“important”，会推荐“significant”“crucial”等词汇。

(2)减少词汇重复使用，提升写作质量。

(三)模板和范例参考

(1)提供各种类型文章的写作模板，例如书信、议论文、记叙文等。

在一些写作软件中，学生可以选择适合的模板进行模仿写作。

(2)展示优秀范文，供学生学习和借鉴写作思路、结构和语言运用。

(四)在线协作与反馈

(1)支持学生之间的在线协作写作，共同完成一篇作品，培养团队合作能力。

利用 Google Docs 等工具，小组同学可以同时编辑同一文档。

(2)教师可以在线批改学生的作文，给出评语和分数，实现及时反馈。

五、电子阅读与写作工具应用的注意事项

(一)电子阅读工具应用的注意事项

1. 内容筛选与适宜性

(1)电子阅读资源丰富多样，但质量参差不齐。教师需要帮助学生筛选出适合中职学生英语水平和认知能力的内容，避免学生接触过于复杂或不合适的材料，导致学习困难或产生挫败感。

例如，对于基础较弱的学生，应优先推荐简单易懂、语言规范的读物，而不是直接让他们阅读专业性强或文学性过高的作品。

(2)关注阅读材料的主题和内容是否与教学目标及学生的兴趣相关，以提高学生的阅读积极性和参与度。

对于职业导向明确的中职教育，可选择与专业相关的英语阅读材料，例如商务英语、旅游英语等。

2. 防止信息过载

(1)丰富的电子阅读资源可能导致学生陷入信息的海洋，难以聚焦重点。教师需要引导学生制订合理的阅读计划，明确阅读目标，避免盲目浏览。

例如，规定每周的阅读量和阅读主题，让学生有针对性地进行阅读。

(2)培养学生的信息筛选和整合能力，使他们能够从大量的阅读材料中提取关键信息，形成有价值的知识。

3. 阅读习惯的培养

(1)电子阅读容易让学生养成浅阅读的习惯，教师要引导学生进行深度阅读，学会思考、分析和总结。

例如，要求学生在阅读后撰写读书笔记、心得或进行小组讨论。

(2)注意阅读姿势和时间，避免长时间盯着电子屏幕而对学生的视力造成不良影响。

(二)电子写作工具应用的注意事项

1. 过度依赖与自主思考

(1)电子写作工具的自动纠错和提示功能可能导致学生过度依赖，忽视自身语言知识的积累和运用能力的培养。教师应鼓励学生在使用工具的同时，注重独立思考和自我检查。

例如，在写作练习时，可以先让学生自行检查和修改，然后再使用工具进行辅助检查。

(2)避免学生仅仅按照电子写作工具的提示进行修改，而不理解错误的本质原因。教师要引导学生分析错误类型，加强语法和词汇知识的学习。

2. 工具的局限性

(1)电子写作工具并非万能，可能存在误判或无法识别某些语境中的正确用法。教师需要提醒学生在参考工具建议时保持批判性思维。

例如，某些工具可能将一些具有特殊用法或文化内涵的表达误判为错误。

(2)电子写作工具对于文章的逻辑结构、内容深度和创意等方面的评估能力有限，仍需要教师的人工指导和评价。

3. 版权与道德问题

(1)教育学生在使用电子写作工具时，尊重知识产权，避免抄袭和剽窃他人的作品。

例如，强调使用他人观点和语句时要正确引用和注明出处。

(2)培养学生的学术诚信意识，树立正确的学习态度。

第四节　网络通信工具促进教学互动

随着信息技术的迅猛发展，网络通信工具在教育领域的应用日益广泛。在中职英语读写教学中，合理利用网络通信工具能够有效地促进教学互动，提高教学效果。

一、网络通信工具的特点与优势

(一)即时性

网络通信工具能够实现信息的即时传递，使师生之间、学生之间的交流不受时间和空间的限制。例如，通过即时通信软件，学生在课后遇到问题可以随时向教师请教，教师能够及时给予解答。

(二)多样性

网络通信工具包括文字、语音、图片、视频等多种交流方式，能够满足不同的教学需求和学生的学习风格。例如，在讲解英语作文时，教师可以通过发送语音消息详细讲解重点和难点，也可以发送范文图片让学生更直观地参考。

(三)交互性强

网络通信工具支持多人同时交流，便于开展小组讨论、合作学习等活动。例如，利用在线讨论组，学生可以就某个读写主题各抒己见、互相启发。

(四)记录与追溯

交流过程中的信息能够被记录下来，方便学生回顾复习，教师也可以通过查看记录了解学生的学习情况和问题所在。

二、常见的网络通信工具

(一)即时通讯类

1. 微信/QQ

具备文字、语音、视频等多种交流方式，方便师生随时沟通。

2. Skype

支持跨国交流，可用于与外教或国外学生进行互动学习。

(二)社交平台类

1. 微博

学生可以关注与英语学习相关的账号，获取读写方面的知识和资讯。

2. TikTok

通过短视频形式，展示英语读写的有趣内容。

（三）在线学习平台类

1. 钉钉

集成了教学管理、作业布置、在线直播等功能。

2. 学习通

提供丰富的英语学习资源，支持小组讨论和互动。

三、网络通信工具在阅读教学中的应用

（一）课前预习

（1）教师在网络通信工具上分享阅读材料的背景知识、相关图片或视频，激发学生的阅读兴趣。

例如，在阅读关于西方节日的文章前，发送节日庆祝的视频片段。

（2）布置预习问题，引导学生在阅读前进行思考。

（二）课堂教学

1. 实时反馈

学生在阅读过程中遇到问题，可通过即时通信工具向教师提问，教师及时解答。

2. 小组讨论

利用在线学习平台的分组功能，组织学生对阅读材料中的观点进行讨论，并在线记录讨论结果。

（三）课后拓展

（1）推荐相关的阅读链接或电子书籍，鼓励学生进一步拓展阅读。

例如在微信公众号上推送适合中职学生的英语读物。

（2）组织在线阅读分享会，让学生交流阅读心得。

四、网络通信工具在写作教学中的应用

（一）写作素材积累

（1）教师在社交平台上分享优秀范文、写作技巧等，方便学生随时查看。

（2）学生可以在网络上搜索感兴趣的话题，积累写作素材。

（二）写作过程指导

（1）学生通过网络通信工具向教师提交写作提纲，教师给予修改建议。

(2)教师针对学生写作中的普遍问题，进行在线集中讲解。

(三)写作评价与反馈

(1)学生将作文以电子文档形式提交给教师，教师进行在线批改和批注。
(2)开展同伴互评，学生在小组内互相评价作文，共同提高写作水平。

五、应用网络通信工具的优势

(一)增强学习自主性

学生可以根据自己的节奏和需求，利用网络通信工具获取学习资源，自主安排学习时间和进度。

(二)提高互动效率

打破了时间和空间的限制，使师生之间、学生之间的交流更加便捷和及时。

(三)丰富教学资源

能够获取海量的英语读写资源，为教学提供更多的素材和案例。

(四)培养数字化素养

让学生在学习过程中熟悉和掌握信息技术，提高其在数字化时代的适应能力。

六、应用网络通信工具的注意事项

(一)合理控制使用时间

避免学生过度依赖网络通信工具，影响正常的学习和生活。

(二)确保网络安全

教育学生保护个人信息，避免在网络交流中泄露隐私。

(三)关注学生个体差异

根据学生的不同水平和需求，提供有针对性的指导和资源。

综上所述，网络通信工具在中职英语读写教学中的应用具有很大的潜力，能够为教学带来新的活力和效果。但在应用过程中，需要教师合理规划、正确引导，充分发挥其优势，提高教学质量。

七、实际案例分析

以某中职英语读写课程为例，教师在教学过程中使用了微信和在线学习平台。在讲解一篇关于旅游的课文时，教师课前在微信学习群中发布了相关的旅游视频和问题，引导学生思考。课堂上，利用在线学习平台的小组讨论功能，让学生分组讨论自己理想的旅游目的地及原因，并以文字形式记录下来。课后，教师在微信群中对学生的讨论结果进行点评，布置了一篇关于旅游经历的写作作业，学生完成后在线提交，教师进行批改并与学生单独交流。通过这种方式，学生的参与度和学习效果都有了显著提高。

第五节 数据分析与教学优化

在中职英语读写教学中，合理运用信息技术进行数据分析，能够为教学提供精准的指导，实现教学的优化与创新。

一、数据分析在中职英语读写教学中的重要性

在中职英语读写教学中，数据分析正逐渐成为提升教学质量和效果的关键因素。它能够为教师提供深入的洞察，帮助优化教学策略，满足学生的个性化需求，从而实现更高效的教学。

（一）有助于精准评估学生的学习水平

1. 全面了解学生的读写能力

通过对学生的作业、测试成绩、课堂表现等数据进行分析，教师可以准确把握学生在词汇、语法、阅读理解、写作技巧等方面的具体水平。

例如，分析学生的作文可以发现他们在词汇运用上的丰富度、语法错误的类型和频率，以及文章结构和逻辑的合理性。

2. 发现个体差异

每个学生的学习进度和能力都有所不同。数据分析能够揭示出这些差异，让教师了解哪些学生在某些方面表现出色，哪些学生需要更多地关注和支持。

例如，有些学生可能在阅读理解上表现较好，但在写作表达上存在困难；有些学生可能在语法掌握上较为扎实，但词汇量有限。

（二）为个性化教学提供依据

1. 制订专属学习计划

根据数据分析的结果，教师可以为每个学生制订个性化的学习计划，包括特定的学习目标、学习内容和练习任务。

例如，对于词汇量不足的学生，制订专门的词汇扩充计划；对于写作结构混乱的学生，重点进行文章框架的训练。

2. 适配教学方法和资源

了解学生的学习特点和需求后，教师能够选择最适合他们的教学方法和教学资源。

例如，对于视觉型学习者，提供更多的图表、图片辅助学习；对于听觉型学习者，增加听力材料和讲解。

(三)提升教学决策的科学性和合理性

1. 合理分配教学资源

基于数据分析，教师可以了解学生在不同方面的需求程度，从而合理分配时间、精力和教学材料等资源。

例如，将更多的时间用于学生普遍薄弱的知识点教学，为需要更多帮助的学生提供额外的辅导资料。

2. 预测学生的学习趋势

通过对学生历史数据的分析，教师可以预测学生未来的学习表现和可能遇到的问题，提前做好教学准备和干预措施。

例如，发现学生在某个阶段的成绩有下降趋势，及时采取措施帮助学生克服困难，防止问题进一步加重。

综上所述，数据分析在中职英语读写教学中具有不可忽视的重要性。它能够帮助教师更精准地了解学生，发现教学中的问题，做出科学的教学决策，从而显著提升教学质量，促进学生的英语读写能力得到更好的发展。

二、数据来源与类型

在信息技术广泛应用于中职英语读写教学的背景下，数据分析成为优化教学的重要手段。然而明确数据的来源与类型是进行有效分析的基础。

(一)数据来源

1. 在线学习平台

(1)学习管理系统：记录学生登录时间、学习时长、课程完成进度等，反映学生的学习投入程度和持续性。

例如，学生在某一读写课程模块上花费的总时间，以及是否按顺序完成了各个学习单元。

(2)专门的英语学习软件：提供关于词汇、语法、阅读技巧等方面的练习数据，例如答题正确率、错误类型等。

例如，在词汇练习软件中，学生对不同词性、词义的单词的掌握情况。

2. 课堂教学活动

(1)电子白板或互动教学系统：记录学生在课堂上的参与情况，例如回答问题的次数、参与小组讨论的表现等。

例如通过电子白板的投票功能，了解学生对某个阅读主题的理解程度。

(2)课堂测验和作业的电子文档：包括学生的答题情况、得分、完成时间等，评估学生对课堂知识的掌握和应用能力。

3. 考试与评估

(1)学校组织的期中、期末考试：首先，全面检测学生在英语读写方面的知识和技能，例如阅读理解、写作等部分的成绩。其次，分析不同题型的得分情况，找出学生的薄弱环节。

(2)标准化英语测试(如 PETS、BEC 等)：与更广泛的标准进行对比，评估学生的英语水平在同年龄段或同行业中的位置。

(二)数据类型

1. 过程性数据

(1)学习行为数据：鼠标点击、页面浏览顺序等，揭示学生的学习路径和注意力集中点。

例如，学生在阅读一篇文章时，反复浏览的段落可能是其理解困难的部分。

(2)参与度数据：课堂发言次数、在线讨论的活跃度等，体现学生的积极程度和参与热情。

2. 成果性数据

(1)成绩数据：测验、考试的分数，直观反映学生的学习效果。

例如，学生在历次写作考试中的得分变化。

(2)作品数据：学生的作文、阅读笔记等，深入分析其语言运用、逻辑思维和内容创新等方面的能力。

3. 背景性数据

(1)学生个人信息：年龄、性别、专业等，辅助理解不同群体的学习特点和需求。

例如，发现某个专业的学生在特定类型的英语阅读材料上表现更好。

(2)入学英语水平测试成绩：作为基准数据，对比后续学习中的进步情况。

清晰了解数据的来源与类型，能够帮助教师更全面、准确地收集和分析数据，从而为中职英语读写教学的优化提供有力支持，实现精准教学，提升学生的英语读写能力。

三、数据分析方法

在中职英语读写教学中，运用合适的数据分析方法对收集到的数据进行处理和解读，能够为教学优化提供有价值的依据。

(一)描述性统计分析

1. 集中趋势度量

(1)均值(Mean)：所有数据的总和除以数据个数，反映数据的平均水平。

(2)中位数(Median)：将数据按大小排序后位于中间位置的数值，对异常值不敏感。

(3)众数(Mode)：数据中出现频率最高的数值。

例如，通过计算学生英语读写测试成绩的均值，可以了解整体的平均水平；而中位数能更好地反映中间水平的学生表现；众数则显示出最常见的得分情况。

2. 离散程度度量

(1)方差(Variance)：反映数据的离散程度。

(2)标准差(Standard Deviation)：方差的平方根，与原始数据单位相同，更直观地表示数据的分散程度。

例如，标准差较大说明学生成绩差异较大，可能需要采取分层教学策略。

3. 分布形态分析

(1)偏度(Skewness)：描述数据分布的不对称程度。

(2)峰度(Kurtosis)：反映数据分布的尖峰或平坦程度。

通过分析成绩数据的偏度和峰度，可以了解成绩分布是否正常，是否存在极端值的影响。

(二)相关性分析

1. 简单相关分析

皮尔逊相关系数(Pearson Correlation Coefficient)：衡量两个变量之间的线性关系强度。

例如，分析学生的课外阅读时间与写作成绩之间的相关性，以确定增加课外阅读是否有助于提高写作能力。

2. 偏相关分析

在控制其他变量的影响下，研究两个变量之间的相关性。

例如，在控制学生的英语基础水平后，探究学习时间与成绩提升之间的真实关系。

（三）因子分析

1. 降维处理

将多个相关变量归结为少数几个综合因子。

例如，将学生在词汇、语法、阅读、写作等方面的表现归结为几个主要的能力因子，以便更清晰地了解学生的英语综合能力结构。

2. 解释共同方差

确定每个因子对原始变量的解释程度。

通过因子分析，可以发现哪些因素对学生的英语读写能力影响较大，从而在教学中重点关注。

（四）聚类分析

1. 分组分类

根据数据的相似性将学生分为不同的群组。

例如，将学生按照英语读写水平分为高、中、低不同层次的小组，为分层教学提供依据。

2. 特征描述

分析每个群组的特征，例如学习习惯、优势和不足等。

了解不同群组的特点后，可以制定有针对性的教学方案，满足不同层次学生的需求。

（五）数据挖掘技术

1. 决策树

通过构建决策树模型，预测学生的学习成果或行为。

例如，根据学生的前期学习数据，预测其在未来英语读写考试中的表现。

2. 关联规则挖掘

发现数据中不同变量之间的关联关系。

例如，找出学生在阅读中经常出错的知识点与写作中存在的问题之间的关联。

（六）时间序列分析

1. 趋势分析

观察学生成绩或学习行为随时间的变化趋势。

例如，分析学生在一个学期内英语读写成绩的上升或下降趋势，及时调整教学策略。

2. 季节性分析

检测数据是否存在周期性的规律。

对于周期性的学习波动，例如学期初和学期末的表现差异，采取相应的教学干预措施。

选择合适的数据分析方法取决于数据的特点和研究的目的。综合运用多种分析方法，能够更全面、深入地挖掘数据中的信息，为中职英语读写教学的优化提供科学依据，实现精准教学，提高教学效果和学生的学习质量。

四、基于数据分析的教学优化策略

随着信息技术在教育领域的广泛应用，数据分析为中职英语读写教学的优化提供了有力支持。通过对学生学习数据的深入分析，教师可以制定更具针对性和有效性的教学策略，提升教学质量和学生的学习效果。

（一）个性化学习计划制订

根据学生的学习进度、成绩表现和学习习惯等数据，为每个学生量身定制个性化的学习计划。

(1)对于读写能力较强的学生，提供更具挑战性的拓展阅读和写作任务，例如英语文学作品赏析、学术论文写作等。

(2)针对读写基础薄弱的学生，着重加强基础知识的巩固和基本技能的训练，例如词汇积累、语法练习、简单的短文写作等。

（二）教学内容调整

分析学生在作业、测试和课堂表现中反映出的知识薄弱点，对教学内容进行有针对性的调整。

(1)如果数据分析显示学生在时态的运用上普遍存在问题，增加时态相关的讲解和练习课时。

(2)若学生在阅读理解中对特定体裁(如说明文)的理解较为困难，补充更多该体裁的阅读材料，并进行专项训练。

（三）教学方法改进

根据学生的参与度和注意力集中情况等数据，优化教学方法。

(1)对于容易分心的学生群体，采用更多互动式、情境式教学方法，例如角色扮演、小组竞赛等，提高他们的学习积极性和参与度。

(2)若数据表明学生对多媒体教学资源(如视频、动画)反应良好，在教学中适当增加这类元素，使教学更加生动有趣。

（四）分层教学实施

依据学生的读写水平数据，将学生分为不同层次的小组，实施分层教学。

(1)为高层次组提供深入的批判性阅读和创造性写作训练，培养其高级思维能力。

(2)对中层次组注重巩固和提升，加强读写技巧的综合运用。

(3)针对低层次组，重点强化基础知识，逐步提高其读写能力。

（五）精准辅导与干预

及时发现学习困难或成绩下滑的学生，通过数据分析找出问题所在，进行一对一的精准辅导和干预。

(1)对于因近期家庭原因导致学习状态不佳的学生，给予心理支持和学习方法指导。

(2)针对某个知识点反复出错的学生，进行专项辅导和强化练习。

（六）学习资源推荐

根据学生的兴趣爱好、专业需求和学习风格等数据，为其推荐个性化的学习资源。

(1)对喜欢旅游的学生推荐与旅游相关的英语阅读和写作素材。

(2)为视觉学习型学生推荐图文并茂的英语学习资料。

（七）教学评估与反馈

利用数据分析定期评估教学效果，及时调整教学策略。

(1)对比不同教学方法实施前后学生的成绩变化，评估其有效性。

(2)收集学生对教学的反馈意见，结合数据分析结果，不断改进教学。

五、实际案例分析

以某中职学校的英语读写教学为例，教师通过对一个学期内学生的在线学习数据、作业和考试成绩进行分析，发现大部分学生在英语语法和词汇运用方面存在较大问题。基于此，教师在后续教学中增加了语法和词汇的专项训练，并为部分学生提供了个性化的辅导。经过一段时间的努力，学生的英语读写能力有了显著提高。

第六章　信息技术支持下的中职英语教学评价

随着信息技术的迅速发展，其在教育领域的应用日益广泛和深入。在中职英语教学中，信息技术为教学评价带来了新的机遇和变革，使评价更加全面、科学、高效。

第一节　信息技术支持下的中职英语教学评价概述

一、信息技术支持下的中职英语教学评价特点

（一）评价的即时性

在信息技术的支持下，中职英语教学评价能够实现即时性。通过在线学习平台、教学软件等工具，学生的学习过程和表现可以被实时记录和跟踪。例如，学生在完成在线作业、参与课堂互动或进行口语练习时，系统能够立即给出反馈和评价。这种即时性的评价使学生能够迅速了解自己的学习情况，及时调整学习策略，提高学习效率。

（二）评价的全面性

信息技术使得教学评价能够涵盖更多的方面，实现全面性评价。除了传统的语言知识和技能考核，还能对学生的学习态度、学习习惯、参与度、合作能力等进行评估。例如，利用学习管理系统可以记录学生的登录频率、学习时长、参与讨论的积极性等。此外，通过视频录制和分析技术，可以观察学生在小组活动中的表现和沟通能力。

（三）评价的个性化

基于大数据和人工智能技术，能够为每个学生提供个性化的评价。系统可以根据学生的学习历史、学习进度和表现，生成专属的评价报告和建议。例如，对于语法掌握较弱的学生，评价重点会放在语法错误的分析和改进建议上；对于口语表达不流利的学生，则着重评估发音、语调等方面，并提供针对性的练习资源。

（四）评价的动态性

信息技术支持下的评价不是一次性的或固定的，而是动态的、持续的过程。随着学生学习的推进，评价也在不断更新和完善。例如，学生在不同阶段的测试成绩、作业完成情况等数据会被持续收集和分析，以展现学生的学习轨迹和进步趋势。教师可以根据这些动态变化，及时调整教学策略，满足学生不断变化的学习需求。

（五）评价的多元化

1. 评价主体多元化

除了教师，学生可以参与自我评价，同学之间也能进行互评。家长还可以通过特定的平台了解学生的学习情况，发表评价意见。

2. 评价方式多元化

结合在线测试、电子作业、口语录音、视频展示、虚拟现实场景体验等多种方式，从不同角度对学生的英语学习进行评价。

3. 评价标准多元化

不再仅仅以考试成绩作为唯一标准，而是综合考虑学生在各个方面的表现和进步，包括创新思维、实践能力、情感态度等。

（六）评价的客观性和准确性

借助智能评分系统和数据分析工具，能够减少人工评价中的主观因素和误差，使评价结果更加客观和准确。例如，在自动批改选择题、填空题等客观题时，能够快速给出准确无误的评分。对于作文等主观题，通过自然语言处理技术和语料库对比，也能提供相对客观和一致的评价。

综上所述，信息技术支持下的中职英语教学评价具有即时性、全面性、个性化、动态性、多元化、客观性和准确性等特点，这些特点有助于更全面、深入地了解学生的学习状况，提高教学质量，促进学生的英语学习和发展。

二、信息技术支持下的中职英语教学评价优势

信息技术支持下的中职英语教学评价具有多方面的显著优势。

（一）评价方式多元化

信息技术为教学评价提供了丰富的手段，不再局限于传统的纸笔测试。例如，通过在线学习平台可以记录学生的学习轨迹，包括登录时间、学习时长、作业完成情况等。像在线口语测试软件能准确评估学生的发音和流利度，多媒

体资源可以用于听力和阅读理解的测评。

（二）即时反馈与个性化指导

利用信息技术，学生在完成练习或测试后能立即得到反馈。例如自适应学习系统能够根据学生的答题情况，分析其薄弱环节，并提供个性化的学习建议和辅导。这有助于学生及时发现问题，调整学习策略。

（三）数据驱动的精准评价

大量的学习数据可以被收集和分析。教师能够清晰了解每个学生的学习进度、知识点掌握程度和能力水平。以大数据分析为基础，教师能够更精准地对学生进行评价和分层教学，使教学更具针对性。

（四）增强评价的趣味性和参与度

采用游戏化、互动式的评价方式，例如英语单词拼写竞赛的在线游戏等，能激发学生的参与热情。相比传统枯燥的评价方式，这种有趣的形式让学生更主动地投入到评价过程中，从而提高评价效果。

（五）促进家校合作与沟通

家长可以通过在线平台随时了解学生的学习情况和评价结果，方便与教师进行沟通和协作。共同关注学生的成长，形成教育合力。

例如，某中职学校引入了一款英语学习 App，教师通过该 App 收集的数据发现，部分学生在语法应用方面存在薄弱的情况。于是，教师针对这一问题专门设计了强化练习，并根据每个学生的具体错误提供了个性化的讲解，在后续的测试中，这些学生的语法成绩有了显著提高。

又如，另一所中职学校利用在线英语配音比赛的方式进行评价，学生们积极参与，不仅提高了口语能力，还增强了对英语学习的兴趣和自信心。

第二节　信息技术支持下的中职英语教学评价实施步骤

一、确定评价目标

首先，需要明确此次教学评价的目的和期望达到的结果。这可能包括评估学生的英语语言技能（听、说、读、写、译）、学习态度、学习策略的运用、跨文化交际能力等。例如，如果教学重点是提高学生的口语表达能力，那么评价目标就应侧重对学生口语流利度、发音准确性和语言运用恰当性的评估。

二、选择合适的信息技术工具和资源

（一）在线学习平台

（1）像“Moodle”“Blackboard”等平台，可用于发布课程资料、作业、测试，以及开展在线讨论和小组活动。

（2）这些平台能够记录学生的参与度、提交作业的时间和质量等数据。

（二）智能语音测评系统

例如“流利说·英语”“口语 100”等，能对学生的口语发音、语调、语速进行准确测评，并给出详细的反馈。

（三）多媒体资源库

例如含有英语电影片段、英语歌曲、英语新闻的资源库，可用于设计听力和阅读理解的测试题目。

（四）电子问卷和投票工具

例如“问卷星”“腾讯投票”等，用于收集学生对教学的反馈和意见。

三、规划评价内容和标准

（1）根据确定的评价目标，设计具体的评价内容。例如，针对阅读能力的评价，可以包括理解主旨大意、细节理解、推理判断等方面。

（2）制定清晰、明确、可操作的评价标准。例如，在写作评价中，规定词汇使用的丰富度、语法错误的数量、篇章结构的合理性等方面的具体得分点。

四、数据收集阶段

（1）学生在在线学习平台上的学习行为数据，例如登录次数、在线时长、作业完成的及时性和准确性。

（2）利用智能语音评测系统收集学生的口语练习和测试数据。

（3）通过多媒体资源库中的测试，获取学生的听力和阅读理解成绩。

（4）发放电子问卷和投票，收集学生的自我评估、学习感受和对教学的建议。

五、数据分析与处理

（1）运用统计学方法和数据分析软件，对收集到的数据进行整理和分析。

（2）比较不同学生群体的数据，找出共性和差异。

（3）关注数据中的异常值，分析其背后的原因。

六、评价结果反馈

(1)以直观、易懂的方式向学生呈现评价结果，例如生成个性化的成绩报告、图表等。

(2)针对学生的表现，提供具体的改进建议和鼓励性的话语。

(3)组织面对面的交流，解答学生对评价结果的疑问。

七、评价的调整与改进

(1)根据数据分析的结果和学生的反馈，反思评价过程中存在的问题。

(2)调整评价内容、标准或信息技术工具的使用方法，以提高评价的准确性和有效性。

(3)不断完善评价体系，使其更符合教学目标和学生的实际需求。

例如，在一次中职英语写作教学评价中，教师使用在线学习平台布置写作任务，学生在线提交作文。然后，教师利用批改网的自动批改功能，获取学生作文在词汇、语法、逻辑等方面的初步评价数据。同时，教师还根据制定的评价标准进行人工评分。综合这些数据和评分，教师为每个学生生成了详细的写作评价报告，指出优点和不足，并给出针对性的改进建议。在后续的教学中，教师根据此次评价的结果，调整了教学重点和教学方法，以便更好地满足学生的学习需求，提高教学效果。

第三节　数字化评价工具与方法

随着信息技术的快速发展，数字化评价工具与方法在教育领域的应用日益广泛。在中职英语教学中，引入数字化评价工具与方法对于提高教学评价的科学性、准确性和效率具有重要意义。

一、数字化评价工具

(一)在线学习平台

在线学习平台是信息技术在教育领域中应用的重要体现。例如，“智慧职教”“学习通”等平台为中职英语教学提供了丰富的功能。

(1)学习资源整合：这些平台能够整合各类英语学习资源，包括教材、课件、音频、视频等，为学生创造多元化的学习环境。

(2)学习过程跟踪：可以详细记录学生的登录时间、学习时长、课程完成进度、作业提交情况等，从而全面了解学生的学习过程。

(3)自动测试与评估：平台内置了各种类型的测试题目，例如选择题、填空题、阅读理解等，学生完成测试后能够立即得到自动评分和反馈，教师也能快速获取学生的整体成绩和答题情况分析。

(二)智能语音评测系统

智能语音评测系统包括“流利说·英语”“口语 100”等，专注于学生的口语能力评估。

(1)精准发音评估：通过语音识别技术，对学生的单词发音、句子语调、语速等进行精准的分析和打分。

(2)即时反馈与纠正：能够即时指出发音错误的地方，并提供正确的示范，帮助学生及时纠正发音问题。

(3)口语练习场景模拟：创设各种真实的口语交流场景，例如面试、购物、旅行等，让学生在模拟情境中进行口语练习和评价。

(三)电子问卷与投票系统

“问卷星”“腾讯投票”等电子问卷与投票工具在教学评价中发挥着重要作用。

(1)学生学习感受调查：教师可以设计问卷，了解学生对教学内容的理解程度、学习兴趣、学习压力等方面的感受。

(2)教学方法反馈：收集学生对教师教学方法、课堂活动组织等方面的意见和建议，以便教师及时调整教学策略。

(3)快速统计与分析：能够快速统计学生的回答数据，生成直观的图表和报告，帮助教师快速了解学生的整体情况。

(四)多媒体资源库与测试系统

丰富的多媒体资源库包含英语电影、动画、歌曲等的资源网站，并配备相应的测试功能。

(1)听力与理解测试：通过播放英语电影片段或歌曲，设置相关的听力理解题目，考查学生的听力水平和对文化背景的理解。

(2)视觉辅助理解评估：利用动画等视觉元素辅助英语教学，然后通过测试评估学生对视觉信息与语言结合的理解能力。

(五)学习分析软件

专门的学习分析软件能够对学生在多个方面的数据进行综合分析。

(1)多维度数据整合：将学生在不同学习平台、测试中的数据进行整合，包括学习成绩、学习行为、参与度等。

(2)学习模式挖掘：通过数据分析挖掘学生的学习模式，例如学习习惯、偏好的学习资源类型、学习时间分布等，为个性化教学评价提供依据。

这些数字化评价工具为中职英语教学评价提供了更全面、客观、及时和个性化的支持，有助于提高教学质量和学生的学习效果。

二、数字化评价方法

(一)基于大数据的学习分析

大数据的学习分析是通过收集和分析大量的学生学习数据来评估教学效果和学生表现。

(1)数据收集：整合来自在线学习平台、智能语音评测系统、电子问卷等多个渠道的海量数据，包括学生的学习时间、作业完成情况、测试成绩、口语练习记录、学习行为等。

(2)深度挖掘：运用数据挖掘技术和机器学习算法，发现数据中的隐藏模式、趋势和关系。例如，分析学生在不同时间段的学习效率，找出最适合学生学习的时间段；或者研究学生在完成某类练习题时的错误模式，以确定学生在特定知识点上的理解偏差。

(3)预测与干预：基于数据分析的结果，预测学生未来的学习表现和可能遇到的困难。教师可以提前采取干预措施，如为可能出现学习困难的学生提供额外的辅导或调整教学策略。

例如，通过大数据分析发现，学生在学习过去时态时多次在特定的语境中出现错误。教师就可以针对这一情况，设计专门的强化练习和辅导。

(二)游戏化评价

将游戏元素融入评价过程，使评价更具趣味性和吸引力。

(1)竞赛模式：组织在线英语竞赛，如单词拼写比赛、口语表达比赛等。学生在规定时间内完成任务，根据表现得分并排名。这不仅能激发学生的竞争意识，还能在紧张的氛围中检验学生的知识掌握和应用能力。

(2)闯关挑战：设置一系列与英语知识相关的关卡，学生需要依次通过才能晋级。每个关卡都包含不同的题型和难度级别，例如听力理解、语法选择、阅读理解等。这种逐步升级的挑战模式能让学生在不断克服困难的过程中提升自己。

(3)角色扮演游戏：创建虚拟的英语交流场景，学生扮演不同角色进行交流和互动。系统根据学生的语言表达、语法运用、交流流畅度等进行评价。

例如，在一个单词拼写的游戏中，学生需要在规定时间内正确拼写尽可能多的单词，系统会根据拼写的正确率和速度给予奖励和积分。

(三)过程性评价与终结性评价相结合

过程性评价关注学生在学习过程中的表现和进步，终结性评价则衡量学生在某个阶段的学习成果。

(1)过程性评价：利用信息技术实时记录学生的课堂参与情况(如发言次数、参与小组讨论的表现)、作业完成的及时性和质量、在线学习平台上的学习轨迹(观看教学视频的时长、参与在线讨论的活跃度)等。

(2)终结性评价：通过在线考试系统进行期中测试、期末考试等，系统自动判卷并生成成绩报告。同时，可以结合口语面试、写作作品评估等方式，全面考查学生的英语综合能力。

例如，在一个学期中，教师定期查看学生在线学习平台上的作业完成情况和学习时长，给予及时的反馈和鼓励。学期末，学生参加在线期末考试，教师综合平时的过程性评价数据和期末考试成绩，对学生进行全面、客观的评价。

(四)自适应评价

自适应评价系统根据学生的前期表现动态调整评价内容和难度。

(1)初始评估：系统首先对学生进行基础的评估，了解其大致的英语水平。

(2)动态调整：随着学生回答问题的情况，系统自动调整后续问题的难度和类型。如果学生回答正确，系统会提供更具挑战性的问题；如果回答错误，系统会提供类似且较简单的问题，帮助学生巩固知识。

(3)个性化反馈：根据学生的整体表现，为其生成个性化的评价报告，指出优势和不足，并推荐相应的学习资源和练习。

例如，一名学生在自适应评价的初始阶段表现出较强的阅读能力和较弱的写作能力，系统随后会为其提供更多侧重写作练习和指导的评价内容。

这些数字化评价方法能够更全面、客观、动态地评估学生的英语学习情况，为教学改进和学生发展提供有力支持。

三、数字化评价工具与方法的优势

(一)提高评价效率

数字化评价工具与方法能够自动处理和分析大量的数据，大大节省了教师的时间和精力。

(1)自动批改：在线测试和作业系统可以迅速批改客观题，例如选择题、填空题等，即时给出分数和反馈。相比传统的手动批改，这显著缩短了批改时间，使教师能够更快地了解学生的学习情况。

(2)快速统计：能够快速汇总和统计学生的成绩、答题情况等数据。例如，在一次大规模的英语测试后，数字化评价工具可以在短时间内生成详细的成绩分析报告，包括平均分、各分数段人数分布、知识点掌握情况等，为教师提供了一目了然的信息。

（二）增强评价的客观性和准确性

数字化评价工具与方法减少了人为因素的干扰，使评价结果更具可信度。

(1)标准统一：数字化评价工具遵循预设的标准和算法进行评分，避免了不同教师因主观判断差异而导致的评分不一致。例如，智能语音评测系统对学生的口语发音进行评估时，依据的是固定的语音特征和标准，不受教师个人口音或偏好的影响。

(2)数据全面：通过收集和分析学生在学习过程中的大量数据，能够更全面地了解学生的学习状况。不仅关注最终的考试成绩，还包括学习过程中的参与度、努力程度、进步情况等，从而得出更准确的评价结论。

（三）促进个性化学习

数字化评价工具与方法能够根据每个学生的特点和需求提供定制化的评价和反馈。

(1)精准诊断：通过对学生学习数据的深入分析，能够精准诊断出学生在英语学习中的具体问题和薄弱环节。例如，学习分析软件可以发现某个学生在特定语法结构的运用上频繁出错，或者在阅读理解中对某类体裁的文章理解困难。

(2)个性化建议：基于诊断结果，为学生提供个性化的学习建议和资源推荐。例如，为语法薄弱的学生推荐相关的语法练习和讲解视频，为阅读困难的学生推荐适合其水平的阅读材料。

（四）激发学生的学习兴趣和积极性

数字化评价工具与方法采用了更具趣味性和互动性的评价方式，提高了学生的参与度。

(1)游戏化元素：将评价融入游戏情境中，使学生在轻松愉快的氛围中接受评价。例如，通过英语单词拼写游戏、口语对话竞赛等方式，让学生在竞争和挑战中体验学习的乐趣，从而更积极地投入学习。

(2)即时反馈：学生能够及时获得评价结果和反馈，了解自己的学习成效，这有助于增强他们的学习动力和自信心。当学生看到自己的努力得到认可或发现问题能够及时改进时，会更有意愿继续努力。

（五）便于跟踪和监测学生的学习进展

数字化评价工具与方法能够实现对学生学习过程的持续跟踪和动态监测。

(1)长期记录：数字化工具可以长期保存学生的学习数据，形成完整的学习档案。教师能够随时回顾学生在不同阶段的表现，观察其学习轨迹和发展趋势。

(2)实时调整：根据学生的实时学习进展，教师可以及时调整教学策略和评价方式。如果发现某个学生在一段时间内学习停滞不前，教师可以采取针对性的辅导措施或改变教学方法。

（六）支持数据驱动的教学决策

数字化评价工具与方法能够为教师和学校的教学管理提供科学依据。

(1)教学改进：教师通过对评价数据的分析，能够发现教学中存在的问题和不足，从而有针对性地改进教学内容、方法和活动设计。

(2)资源优化：学校管理层可以依据评价数据了解整体教学质量和学生的需求，合理分配教学资源，如调整课程设置、安排教师培训、采购相关教学材料等。

例如，通过分析数据发现某个班级学生的听力普遍薄弱，学校可以决定增加听力训练的课时，并为教师提供听力教学的专业培训。

综上所述，信息技术支持下的数字化评价工具与方法在提高评价效率、保证评价质量、促进个性化学习、激发学生兴趣、跟踪学习进展和支持教学决策等方面具有显著优势，为中职英语教学评价带来了全新的机遇和变革。

数字化评价工具与方法为中职英语教学评价带来了新的机遇和挑战。合理运用这些工具与方法，能够提高教学评价的质量和效果，促进中职英语教学的改革与发展。在未来，应不断探索和创新，充分发挥信息技术的优势，为中职学生的英语学习提供更有力的支持。

第四节　形成性评价与终结性评价的结合

在中职英语教学中，科学合理的教学评价对于提高教学质量、促进学生发展具有关键作用。随着信息技术的不断发展，为教学评价提供了更多的可能性和便利。形成性评价与终结性评价的结合，能够更全面、准确地反映学生的学习情况，为教学决策提供有力依据。

一、形成性评价与终结性评价的概念

（一）形成性评价

形成性评价是在教学过程中进行的持续性评估，是为了监控学生的学习进展，及时发现学生在学习过程中的问题和不足，以便调整教学策略和为学生提供及时的反馈与指导，促进学生的学习和发展。

在信息技术的支持下，形成性评价具有以下特点和形式。

1. 特点

(1)动态性：能够实时反映学生在学习过程中的变化和进步。

(2)即时性：借助在线学习平台、智能软件等，学生可以迅速获得反馈，教师也能及时调整教学。

(3)针对性：通过对学生个体学习数据的分析，能够为每个学生提供个性化的反馈和建议。

2. 形式

(1)在线作业与练习：通过在线学习平台布置作业和练习，系统可以自动批改客观题，并为学生提供即时的答案解析和错误提示。

(2)课堂互动记录：利用信息技术记录学生在课堂上的发言、参与小组讨论等表现，作为形成性评价的一部分。

(3)学习日志与反思：鼓励学生通过电子学习日志记录自己的学习过程、遇到的问题和解决方法，教师可以定期查看并给予指导。

(二)终结性评价

终结性评价通常在教学活动结束后进行，用于衡量学生在一个阶段的学习结束时所达到的学习成果和水平。它的重点在于对学生的学习成果进行总结性的判断和评估。

在信息技术的辅助下，终结性评价呈现出一些新的特点和形式。

1. 特点

(1)综合性：整合了整个学习阶段的知识和技能，对学生的学习进行全面评估。

(2)标准化：借助信息技术可以实现更标准化的测试流程和评分标准，提高评价的客观性和公正性。

(3)大数据分析：利用数据分析技术对大量学生的考试成绩进行深入分析，为教学质量评估和教学改进提供依据。

2. 形式

(1)在线考试：学生在规定时间内完成在线测试，系统自动判分和统计成绩。

(2)电子作品集评估：学生将自己在学习过程中的作品，例如写作、口语展示等以电子形式整理成作品集，教师进行综合评估。

(3)虚拟考场：利用远程监控和身份验证技术，创建安全、规范的虚拟考试环境。

总之，形成性评价注重学习过程中的改进和调整，而终结性评价侧重对学习成果的总结和判断。在信息技术的支持下，这两种评价方式能够更加有效地结合，为中职英语教学提供更全面、准确和有价值的评价信息。

二、信息技术支持下的形成性评价

在当今数字化时代，信息技术为中职英语教学评价带来了新的机遇和挑战。其中，形成性评价作为教学过程中的重要环节，借助信息技术能够更加全面、及时、准确地反映学生的学习情况，促进教学质量的提升。

（一）信息技术在形成性评价中的应用

1. 学习管理系统的运用

学习管理系统在中职英语教学的形成性评价中发挥着重要作用。

（1）它能够详细记录学生的学习轨迹，包括登录时间、在线学习时长、课程参与的频率等。例如，通过统计学生每周登录英语学习平台的次数和停留时间，教师可以了解学生的学习积极性。

（2）系统可以监控学生的作业提交情况，包括提交时间、完成质量以及是否按时完成。例如，教师能直观看到哪些学生总是拖延交作业，哪些学生作业完成得认真仔细。

（3）对学生在讨论区的发言、与同学和教师的互动交流等也能进行记录和分析，以此评估学生的合作学习能力和思维活跃度。

2. 智能辅导系统的助力

智能辅导系统为形成性评价提供了精准和个性化的支持。

（1）它能根据学生的答题情况，实时分析学生的知识掌握程度和薄弱环节。例如，学生在英语语法的虚拟语气部分频繁出错，系统会立即识别并重点推送相关练习。

（2）为每个学生建立个性化的学习档案，跟踪他们的学习进展和能力提升曲线。

（3）基于大数据和人工智能算法，智能预测学生可能遇到的学习困难，并提前提供预防和解决的建议。

3. 在线测试与评估工具的使用

在线测试与评估工具大大提高了评价的效率和准确性。

（1）教师可以轻松创建各种类型的在线测试，例如单选题、多选题、填空题、阅读理解等。系统能够快速生成标准化的测试试卷，节省了教师出题的时间和精力。

（2）客观题的自动批改功能使教师能够迅速获取学生的答题情况，第一时间了解学生对知识点的掌握程度。例如，在一次单词拼写测试中，系统可以瞬间统计出学生错误率较高的单词。

(3)对学生的测试成绩进行多维度的数据分析，不仅能看到总分和平均分，还能详细了解每个知识点的得分情况、学生的答题时间分布等，为教学改进提供有力依据。

4. 多媒体资源在评价中的融入

多媒体资源丰富了形成性评价的方式和内容。

(1)学生可以通过录制音频或视频来展示口语表达和情景表演，教师通过聆听和观看进行评价。例如，学生可以录制一段英语对话视频，展示其语言运用和交流能力。

(2)利用图片、动画等元素设计互动式的练习题和评估项目，增加评价的趣味性和吸引力。例如，通过图片选择单词、根据动画情境回答问题等。

5. 移动学习应用的参与

随着移动设备的普及，移动学习应用也成为形成性评价的重要手段。

(1)学生可以随时随地通过手机或平板进行学习和练习，应用能够记录他们的学习行为和成果。例如，在公交上利用英语学习 App 背单词的记录会被上传。

(2)这些应用通常会设置打卡、积分、排行榜等功能，激励学生持续学习，同时也为教师提供了评价学生学习习惯和自律性的参考。

总之，信息技术在中职英语形成性评价中的应用，使评价更加及时、全面、精准和个性化，为提高教学质量和学生的英语学习效果提供了有力支持。

(二)信息技术支持下的形成性评价的优势

1. 即时反馈与快速调整

信息技术支持下的形成性评价能够为学生和教师提供即时的反馈。例如，通过在线学习平台完成英语练习后，学生能立即知晓自己的答题情况，包括对错以及详细的解析。教师也能在第一时间获取全班学生的答题数据，了解学生对知识点的掌握程度。这种即时反馈使得学生能够迅速纠正错误，教师能够及时调整教学策略，针对学生的薄弱环节进行强化教学。

2. 个性化学习支持

借助信息技术，形成性评价可以实现高度的个性化。系统能够根据学生的学习历史和表现，为每个学生生成专属的学习报告和建议。例如，对于词汇量不足的学生，系统会推荐更多的词汇练习和记忆方法；对于语法薄弱的学生，系统会推送针对性的语法讲解和练习题目。这种个性化的支持能够更好地满足每个学生的独特需求，提高学习效果。

3. 激发学习兴趣和积极性

丰富多样的信息技术手段，例如互动游戏、多媒体资源等，使形成性评价变得更有趣味性。例如，通过英语学习类的手机游戏进行单词拼写或语法练习，学生在游戏的过程中完成评价，减少了对传统评价方式的抵触情绪。而且，及时看到自己的进步和成就，如在学习平台上获得的徽章、积分或等级提升，能够极大地激发学生的学习积极性和主动性。

4. 数据驱动的精准教学

信息技术能够收集大量的学习数据，并进行深入分析。教师可以通过这些数据全面了解学生的学习情况，不仅仅是整体的表现，还包括每个学生在不同知识点、技能上的具体掌握程度。基于这些精准的数据，教师能够制订更有针对性的教学计划，优化教学内容和方法，实现精准教学，提高教学质量。

5. 促进自主学习和自我管理

学生通过信息技术参与形成性评价，能够更加清晰地了解自己的学习状况和进步轨迹，从而增强自我认知和自我管理能力。例如，学生可以通过在线学习平台查看自己每周、每月的学习报告，制订个人学习目标和计划，并根据评价结果进行自我调整和改进。这有助于培养学生的自主学习能力，为他们的终身学习奠定基础。

6. 增强家校合作

一些信息技术平台可以让家长实时了解学生的学习评价情况，加强家校之间的沟通与合作。家长能够更好地监督学生的学习，与教师共同支持学生的成长。例如，家长通过手机 App 收到学生的英语作业完成情况和测试成绩，及时与教师交流，共同促进学生的学习进步。

综上所述，信息技术支持下的形成性评价在中职英语教学中具有显著的优势，能够有效提升教学效果，促进学生的全面发展。

三、信息技术支持下的终结性评价

终结性评价在中职英语教学中具有重要地位，它是对学生在一个阶段内学习成果的综合性评估。信息技术的融入为终结性评价注入了新的活力，使其更加科学、全面和客观。

（一）信息技术支持下的终结性评价的特点

1. 评价手段的多元化

信息技术的融入使得中职英语终结性评价手段不再单一。除了传统的纸质试卷考试，还出现了以下多种形式。

(1)在线考试系统：首先，学生可以在规定时间内通过网络平台完成考试，系统自动计时、收卷和评分。例如，一些专业的在线英语考试平台能够模拟真实的考试环境，随机抽取试题，确保考试的公平性和随机性。其次，可以包含丰富的题型，例如听力、阅读、写作等，甚至可以设置互动式的题目，如情景对话选择。

(2)多媒体测试：首先，利用音频、视频等多媒体元素进行测试。例如，播放一段英语电影片段，让学生回答相关的问题，考查其听力理解和综合分析能力。其次，展示一组图片，要求学生用英语进行描述，评估其语言表达和词汇运用能力。

(3)虚拟语言环境中的任务完成：学生进入虚拟的英语交流场景，完成特定的任务，例如购物、旅行咨询等。这种方式更贴近实际生活，能够检验学生在真实语境中的语言运用能力。

2. 评价数据的精准化和深度分析

信息技术能够收集和处理大量的评价数据，并进行深入分析。

(1)详细的成绩统计：不仅能得到总分和平均分，还能精确到每个题型、每个知识点的得分情况。例如，通过数据分析发现学生在某个语法点上普遍失分较多，从而明确教学的重点和难点。

(2)学习行为分析：记录学生在考试中的答题时间、答题顺序、修改次数等行为数据。例如，若学生在某道题上花费时间过长或频繁修改答案，可能反映出对该知识点的掌握不够熟练或答题策略存在问题。

(3)个体差异对比：可以将每个学生的成绩与班级、年级的平均水平进行对比，清晰呈现学生的优势和不足。

3. 评价过程的高效性和便捷性

(1)自动评分与快速反馈：客观题部分由系统自动评分，大大提高了评分效率，减少了人工评分的时间和误差。学生能够在考试结束后迅速获取成绩和答案解析，及时了解自己的学习成果。

(2)远程考试与灵活安排：学生可以在不同的地点通过网络参加考试，突破了时间和空间的限制。对于因特殊原因无法到校参加考试的学生提供了便利。

教师可以根据教学进度和学生的实际情况灵活安排考试时间，更好地适应教学需求。

4. 评价内容的全面性和真实性

(1)综合技能考查：借助信息技术，能够更全面地考查学生的听、说、读、写、译等综合技能。例如，通过语音识别技术进行口语测试，避免了传统口语考试中人为因素的影响，使评价结果更加客观准确。

(2)语境创设：利用虚拟现实等技术创设真实的语言运用场景，让学生在接近实际生活的情境中解决问题，考查其语言的实际应用能力和应变能力。

5. 评价标准的一致性和客观性

(1)统一的评分标准：信息技术支持下的评价系统可以设置严格统一的评分标准，确保不同场次、不同教师批改的试卷具有相同的评价尺度。

(2)减少主观偏差：避免了人工评分中可能存在的主观因素，例如个人喜好、疲劳等对评分结果的影响，使评价结果更加客观公正。

综上所述，信息技术支持下的终结性评价在手段、数据处理、过程、内容和标准等方面都呈现出显著的特点，为更准确、全面地评估学生的英语学习成果提供了有力保障。

(二)信息技术在终结性评价中的应用

1. 在线考试平台

(1)大规模标准化考试：首先，利用专业的在线考试平台，可以组织全校甚至多校联考。例如，使用知名的在线教育考试平台，一次性为数千名中职学生提供统一的英语终结性考试。其次，系统能够根据预设的难度系数、知识点分布等要求自动生成标准化试卷，确保考试的公平性和科学性。

(2)自适应考试：根据学生的答题情况实时调整后续题目难度。如果学生在较容易的题目上表现出色，系统会推送更具挑战性的题目；反之，如果学生在某些题目上遇到困难，后续题目会相应降低难度。

例如，某学生在英语词汇测试中表现优秀，接下来的语法题目会增加难度，以更精准地评估其英语水平。

2. 智能语音评测系统

(1)口语测试：首先，学生通过录制口语回答，系统运用语音识别和语音分析技术对其发音、语调、语速、流利度等进行评估。例如，在情景对话测试中，学生模拟与外教的交流并录音，系统能够指出发音不准确的单词和语调不自然的部分。其次，可以提供即时的反馈和建议，帮助学生改进口语表达。

(2)听力理解测试：系统自动播放听力材料，学生在线作答。系统能够根据学生的答案判断其对听力内容的理解程度。

例如，在一段关于旅游的英语听力材料播放后，系统会自动判断学生对关键信息的抓取是否准确。

3. 电子学习档案与数据分析

(1)学习过程记录：为每个学生建立电子学习档案，记录他们在整个学期的作业完成情况、课堂表现、测验成绩、参与的英语活动等。

例如，详细记录学生每次英语写作作业的修改过程和最终成果，以及教师的批改意见。

(2)大数据分析：运用数据分析技术对学生的学习数据进行深度挖掘和分析，可以发现学生的学习趋势、优势和薄弱环节。

例如，通过分析发现某个学生在阅读理解方面持续进步，但在语法运用上存在明显短板。

4. 虚拟现实与仿真测试环境

(1)情景模拟：利用虚拟现实技术创建真实的英语交流场景，如机场、酒店、商场等。学生在虚拟环境中与虚拟角色进行英语交流，完成各种任务。

例如，学生在虚拟机场办理登机手续，需要用英语回答工作人员的问题，系统根据其表现进行评价。

(2)仿真语言任务：设计仿真的英语工作任务，例如商务谈判、产品介绍等。学生在规定时间内完成任务，系统根据其语言运用、沟通技巧等方面进行评估。

5. 移动学习终端的应用

(1)随时随地测试：学生可以通过手机、平板电脑等移动设备随时参加小型的终结性测试，如单词拼写、短句翻译等。

例如，在课余时间，学生利用手机 App 完成一组英语语法小测试。

(2)推送个性化测试：根据学生的学习进度和特点，通过移动终端为其推送个性化的终结性测试内容。

例如，对于词汇量不足的学生，推送侧重词汇考查的测试；对于口语薄弱的学生，推送口语表达相关的测试。

综上所述，信息技术在中职英语终结性评价中有着多样化的应用方式，这些方式不仅提高了评价的效率和准确性，还能够更全面、客观地评估学生的英语能力，为教学改进和学生发展提供有力支持。

(三)信息技术支持下的终结性评价的优势

1. 提高评价效率与准确性

信息技术使得终结性评价的流程更加自动化和智能化。例如，在线考试系统能够在学生完成答题后迅速自动评分，大幅缩短了评分时间，避免了人工批改可能出现的疏漏和错误，提高了评价的准确性。对于大规模的考试，系统可以同时处理众多学生的答卷，快速生成详细的成绩报告，让教师能够及时获取评价结果，从而更高效地对教学进行总结和调整。

2. 实现个性化评价

通过对学生学习过程中产生的大量数据进行分析，例如作业完成情况、在线测试成绩、学习时长等，信息技术能够为每个学生构建独特的学习画像。这使得终结性评价不再是一刀切的模式，而是能够根据学生的个体差异和学习特点进行个性化评估。例如，对于在听力方面表现突出但写作方面稍薄弱的学生，评价可以更侧重对其写作能力的考查和提升建议，为后续的个性化教学提供精准指导。

3. 增强评价的客观性与公正性

信息技术能够减少人工评价中的主观因素影响。例如，在智能语音评测系统中，对学生口语的评价是基于语音识别技术和预先设定的标准，不受评价者个人偏好或情绪的干扰。而且，统一的在线考试平台和评分标准确保了所有学生在相同的条件下接受评价，避免了因考试环境、试卷差异等因素造成的不公平，使评价结果更具公信力。

4. 丰富评价内容与形式

借助多媒体和虚拟现实等技术，终结性评价可以涵盖更多样化的内容和形式。例如，通过虚拟现实技术创设真实的英语交流场景，考查学生在实际情境中的语言运用能力；利用音频、视频等多媒体材料进行听力和阅读理解的测试，使评价更贴近实际语言运用。此外，还可以通过游戏化的测试方式，增加评价的趣味性和参与度，激发学生的积极性。

5. 促进教学与评价的紧密结合

信息技术支持下的终结性评价能够为教学提供及时、全面的反馈。教师可以根据评价数据了解学生对各个知识点和技能的掌握情况，发现教学中的薄弱环节，从而有针对性地调整教学策略和内容。例如，评价结果显示大部分学生在某个语法点上存在理解困难，教师可以在后续的教学中加强相关内容的讲解和练习，实现以评促教，提升教学质量。

6. 便于数据存储与跟踪分析

所有的评价数据都可以以数字化的形式存储在云端或数据库中，方便长期保存和随时调用。这使得教师能够对学生的学习历程进行跟踪分析，观察其在一段时间内的学习进步和发展趋势。例如，对比学生在不同学期的终结性评价成绩，了解其英语能力的提升速度和稳定性，为制定长期的教育规划提供依据。

综上所述，信息技术支持下的终结性评价在效率与准确性、个性化、客观性与公正性、内容形式、教学结合以及数据管理等方面具有显著优势，能够更好地促进学生的英语学习和发展，提升中职英语教学的质量和效果。

四、形成性评价与终结性评价的结合策略

（一）明确两种评价的目标与作用

首先，要清晰地认识到形成性评价的重点在于促进学生的学习过程，及时发现和解决问题，鼓励学生不断改进；而终结性评价则侧重对学生在某一阶段学习成果的总体衡量。例如，在学期初，教师向学生明确形成性评价将关注他们每周的作业完成情况、课堂参与度和小组合作表现，而终结性评价将以期末考试成绩为主。

（二）利用信息技术工具进行数据整合

借助学习管理系统、电子表格软件或专门的教育数据分析平台，将形成性评价和终结性评价所产生的数据进行整合。例如，使用学习管理系统记录学生的在线作业成绩、测验分数、课堂讨论表现等形成性评价数据，同时将期末考试成绩等终结性评价数据输入系统。通过数据分析工具，生成综合的学生学习报告，清晰呈现学生在整个学习过程中的发展轨迹。

（三）制定合理的权重分配

根据课程的特点和教学目标，为形成性评价和终结性评价分配适当的权重。例如，对于注重实践和过程的英语听说课程，可以将形成性评价的权重设置为60%，终结性评价权重为40%；而对于语法和词汇等基础知识的课程，可能将终结性评价的权重适当提高。

（四）定期沟通与反馈

利用信息技术手段，例如电子邮件、在线学习平台的消息系统或即时通信工具，定期向学生和家长提供关于形成性评价和终结性评价的综合反馈。例如，每月向学生发送个性化的学习报告，包括他们在形成性评价中的进步和需要改进的方面，以及与终结性评价目标的差距。同时，鼓励学生通过在线平台与教师进行交流，共同探讨提高学习效果的方法。

（五）基于评价结果调整教学策略

教师根据两种评价的结合结果，及时调整教学策略和教学内容。如果形成性评价显示大部分学生在某个语法知识点的运用上存在问题，教师可以在后续

的教学中加强针对性的练习，并在期末考试的复习阶段重点强调。通过分析终结性评价中得分较低的题型，反思教学方法是否需要改进，以便在后续教学中进行优化。

（六）召开阶段性的综合评估会议

定期组织由教师、学生和家长共同参与的线上或线下综合评估会议。在会议中，共同分析学生的形成性评价和终结性评价数据，讨论学生的学习情况和发展方向。例如，在每个期中和期末分别召开会议，展示学生的阶段性评价结果，制订个性化的学习计划和目标。

（七）培养学生的自我评价与反思能力

利用在线学习平台的日志功能或学习反思模板，引导学生定期对自己在形成性评价和终结性评价中的表现进行自我评价和反思。例如，要求学生每周在学习平台上记录自己的学习收获和遇到的困难，在期末考试后撰写总结反思，促进学生自主学习能力的提升。

总之，在信息技术的支持下，通过明确目标、整合数据、合理分配权重、即时沟通反馈、调整教学策略、召开阶段性评估会议以及培养学生的自主评价与反思能力等策略，能够有效地将形成性评价和终结性评价相结合，提高中职英语教学的质量和效果，促进学生的全面发展。

五、实际案例分析

以某中职学校的英语教学为例，在一个学期的教学中，教师充分利用了信息技术开展形成性评价和终结性评价的结合。通过在线学习平台的记录和反馈，教师发现部分学生在语法学习上存在困难，及时在课堂上进行了强化讲解和练习。在学期末的在线考试中，学生的整体成绩有了明显提高，尤其是之前存在困难的学生在语法部分的得分有了显著提升。

信息技术为中职英语教学评价中的形成性评价与终结性评价的结合提供了有力支持。通过合理运用信息技术，能够实现更全面、客观、准确的教学评价，促进教学质量的提升和学生的全面发展。在未来的教学实践中，应不断探索和创新评价方式，充分发挥信息技术的优势，为中职英语教学注入新的活力。

第七章　未来展望与发展趋势

信息技术的持续发展为中职英语教学带来了广阔的发展空间和无限的可能。未来，中职英语教学应积极拥抱这些变化，充分利用信息技术的优势，不断创新教学模式和方法，为学生提供更优质、更高效、更个性化的英语教育，培养具有国际视野和竞争力的高素质人才。同时，也要关注信息技术应用过程中可能出现的问题，例如技术设备的更新、教师培训的跟进、信息安全的保障等，以确保信息技术能够更好地服务于中职英语教学的发展。

通过对未来展望和发展趋势的探讨，希望能为中职英语教学的改革与创新提供有益的思路和方向，推动中职英语教育不断向前发展。

第一节　智能化教学系统的发展

对于中职英语教学而言，智能化教学系统的发展有望带来革命性的变化，为学生提供更个性化、高效和优质的学习体验。

一、智能化教学系统在中职英语教学中的应用潜力

智能化教学系统为中职英语教学的未来发展描绘了一幅令人期待的蓝图。尽管在发展过程中可能会面临诸多挑战，但通过合理的规划、技术创新、教师培训和政策支持，我们有信心充分发挥其优势，为中职英语教学带来质的提升，为学生的英语学习和未来发展创造更有利的条件。

展望未来，智能化教学系统将不断完善和进化，成为推动中职英语教学改革和创新的强大动力，助力培养更多具备良好英语素养和综合能力的中职人才。

（一）智能化教学系统的应用潜力

1. 个性化评价方案的制定

智能化教学系统能够依据每个学生的学习特点、优势和不足，为其制定专属的评价方案。例如，对于听力能力较强但写作能力较弱的学生，系统在评价时会侧重对其写作方面的考查，并增加写作练习和评估的频率。通过对学生学习数据的深度分析，包括课堂表现、作业完成情况、测验成绩等，系统可以精准识别学生的个性化需求，从而调整评价的重点和方式，使评价更具针对性和

有效性。

2. 实时评价与即时反馈

在教学过程中，智能化教学系统能够实现对学生学习行为的实时监测和评价。当学生参与在线练习、口语表达或小组讨论时，系统可以立即对其表现进行评估。例如学生在进行口语练习时，语音识别技术能够迅速分析其发音、语调、语速等方面的准确性，并即时给出反馈。这种实时评价和即时反馈机制能够让学生在学习过程中及时了解自己的优点和不足，及时调整学习策略，从而提高学习效果。

3. 多元化评价方式的融合

智能化教学系统支持多种评价方式的综合运用，如自动批改作业、在线测试、口语评测、情景模拟评价等。例如，在语法知识的评价中，可以通过自动批改作业和在线测试来考查学生对知识点的掌握程度；在口语能力的评价方面，利用语音识别和自然语言处理技术进行口语评测；通过设置虚拟的英语交流场景进行情景模拟评价，检验学生在实际情境中的语言运用和应对能力。多元化的评价方式能够更全面、客观地反映学生的英语综合水平。

4. 大数据驱动的精准评价

系统可以收集和分析大量的学生学习数据，借助大数据分析技术，挖掘出隐藏在数据背后的学习规律和趋势。例如，通过分析学生在不同题型、不同知识点上的答题情况，发现学生的知识薄弱点和易错点。教师可以根据这些精准的评价结果调整教学内容和方法，为学生提供更具针对性的辅导。同时，大数据还能够对班级、年级乃至整个学校的英语教学情况进行宏观分析，为教学管理和决策提供有力支持。

5. 自适应评价与动态调整

智能化教学系统能够根据学生的学习进展和能力提升情况，自适应地调整评价的难度和内容。例如，当学生在某个知识点上不断取得进步，系统会逐渐增加该知识点的考查难度，以确保学生能够真正掌握并灵活运用；如果学生在某个方面遇到困难，评价会适当降低难度，给予学生更多的鼓励和支持，帮助他们逐步克服困难。这种动态调整的评价机制能够更好地适应学生的学习节奏，激发学生的学习动力。

6. 促进自主学习与自我评价

智能化教学系统为学生提供了自我评价的工具和资源，鼓励学生积极参与到评价过程中。学生可以通过查看自己的学习记录、成绩曲线、错题集等，对自己的学习进行反思和总结。例如，系统可以生成个人学习报告，详细展示学生在各个阶段的学习成果、进步情况以及需要改进的地方。这有助于培养学生的自主学习能力和自我管理能力，使他们成为更加主动、负责的学习者。

综上所述，智能化教学系统在信息技术支持下的中职英语教学评价中具有巨大的应用潜力。通过实现个性化、实时化、多元化、精准化、自适应和促进自主学习的评价，能够显著提高教学评价的质量和效率，更好地促进学生的英语学习和发展。

(二)智能化教学系统提高了教学质量和学生学习效果

1. 自适应学习技术

(1)个性化课程推荐：智能化教学系统可以根据学生的初始英语水平测试结果，包括词汇量、语法掌握程度、听力和口语能力等，为其推荐适合的课程内容。例如，对于基础较弱的学生，优先推送基础语法和常用词汇的课程；对于有一定基础但口语薄弱的学生，则重点推荐口语练习和情景对话的课程。

(2)动态学习进度调整：系统能够实时跟踪学生的学习进度和表现。如果学生在某个知识点上反复出错或学习进度缓慢，系统会自动放慢教学节奏，增加相关练习和讲解；对于那些掌握较快的学生，则加快进度，提供更具挑战性的学习内容。

(3)学习风格适配：不同学生有不同的学习风格，例如视觉型、听觉型、动觉型等。智能化教学系统可以通过分析学生的学习行为数据，判断其学习风格，并相应地调整教学材料的呈现方式。例如，对于视觉型学生，多提供图表、图片等辅助学习资料；对于听觉型学生，增加音频讲解的比重。

2. 智能辅导与答疑

(1)实时在线辅导：学生在学习过程中遇到问题时，能够随时通过系统向智能辅导助手提问。辅导助手利用自然语言处理技术理解学生的问题，并迅速给出准确、详细的解答。无论是语法疑惑、单词释义还是阅读理解中的难题，都能得到及时的帮助。

(2)个性化答疑策略：系统会根据学生的历史提问和错误记录，分析其知识薄弱点，提供个性化的答疑策略。对于经常在某个语法点上出错的学生，辅导助手会着重讲解该语法点的规则和用法，并提供相关的练习进行巩固。

(3)学习情绪关怀：除了知识上的辅导，智能辅导系统还能关注学生的学习情绪。当学生在学习中表现出焦虑、沮丧情绪或过度疲劳时，系统会给予鼓励和适当的休息建议，帮助学生保持良好的学习心态。

3. 智能评估

(1)多维度评估体系：智能化教学系统能够从听、说、读、写多个维度对学生的英语能力进行评估。通过语音识别技术评估口语表达的准确性和流利度；利用自动化测试检测语法、词汇和阅读理解能力；借助作文批改引擎评价写作水平。

(2)过程性评估：智能化教学系统不仅关注学习的最终结果，更注重学习的过程。系统会记录学生在学习过程中的每一次练习、作业和测试的表现，分析其学习轨迹和进步趋势，为教师和学生提供全面、细致的过程性评估报告。

(3)精准反馈与建议：基于评估结果，智能化教学系统为学生提供精准的反馈和个性化的学习建议。例如，如果学生在听力理解方面存在不足，系统会推荐相关的听力训练材料，并建议学生采用特定的学习方法来提高听力水平。

智能化教学系统在中职英语教学中展现出巨大的应用潜力。通过自适应学习满足学生的个性化需求、智能辅导与答疑解决学习中的困惑、智能评估促进教学质量的提升，有望为中职英语教学带来深刻的变革。然而，要充分发挥这些潜力，还需要教育工作者不断探索和实践，以及学校和相关部门在技术支持和教师培训方面的持续投入。相信在不久的将来，智能化教学系统将成为中职英语教学中不可或缺的重要力量，助力学生更好地掌握英语、提升综合素养。

二、智能化教学系统的未来发展趋势

(一)个性化自适应学习

智能化教学系统能够根据每个学生的学习特点、进度和能力，为其量身定制个性化的学习计划和课程内容。例如，系统通过对学生前期学习表现的分析，判断其在词汇、语法、听力、口语等方面的强弱项，然后针对性地推送相应的学习材料和练习任务。对于基础较弱的学生，着重提供基础知识的巩固练习；对于有一定基础且进步较快的学生，推送更具挑战性的拓展内容。

(二)融合多种感官体验的学习模式

未来的智能化教学系统将不仅仅局限于视觉和听觉的刺激，还会融合触觉、嗅觉等多种感官体验。例如，通过特殊的设备，学生在进行英语对话练习时能感受到虚拟人物的触摸，或者在学习关于美食的英语表达时能闻到相应的气味，增强学习的沉浸感和记忆效果。

(三)实时互动与协作学习

借助先进的网络技术，学生能够在智能化教学系统中与来自不同地区的同学实时互动交流。例如，共同完成一个英语项目、进行小组讨论或角色扮演。

系统会自动对学生的互动表现进行评估和反馈，同时促进学生之间的互相学习和合作能力的培养。

（四）智能评估与精准反馈

智能化教学系统能够对学生的学习成果进行更加全面和精准的评估。除了传统的考试成绩，还包括课堂表现、作业完成情况、口语表达的流利度和准确度等多维度的考量。评估结果会以详细且直观的报告形式呈现给学生和教师，同时系统会根据评估结果为学生提供精准的改进建议和后续学习的方向。

（五）与真实场景的无缝对接

智能化教学系统将更多地模拟真实的生活和工作场景，例如职场交流、旅游出行、商务谈判等。学生在这些虚拟场景中运用英语解决实际问题，从而更好地将所学知识应用到实际生活中，提高英语的实际运用能力和跨文化交际能力。

（六）情感智能的融入

智能化教学系统会关注学生在学习过程中的情感状态，如焦虑、疲劳、兴趣等，并根据这些情感反馈调整教学策略和节奏。例如，当系统检测到学生出现焦虑情绪时，会适当降低学习难度并给予鼓励性的提示，保持学生的学习积极性和自信心。

（七）全球化教育资源整合

智能化教学系统能够打破地域限制，整合全球优质的英语教育资源。学生可以接触到不同国家和地区的英语教学方法、教材以及外教课程，拓宽视野，感受多元文化背景下的英语学习。

（八）区块链技术保障学习记录与认证

利用区块链技术，不可篡改地记录学生在智能化教学系统中的学习过程和成果，为学生的学习经历提供可信的证明。这有助于学生在升学、就业等方面展示自己的真实英语水平和学习能力。

综上所述，中职英语教学中的智能化教学系统在未来将不断创新和发展，为学生提供更加高效、个性化和富有成效的学习体验。

第二节　深度融合虚拟现实技术和增强现实技术

随着信息技术的不断发展，虚拟现实技术和增强现实技术正逐渐走进教育领域。在中职英语教学中，深度融合这两项技术有望为学生创造更加生动、真实的语言学习环境，激发学生的学习兴趣和积极性，提高教学效果。

一、VR技术和AR技术在中职英语教学中的优势

VR（虚拟现实）技术和AR（增强现实）技术在中职英语教学中的优势主要体现在以下几个方面。

（一）增强学习兴趣和积极性

VR技术和AR技术能够为学生创造出沉浸式和互动性极强的学习环境。例如，学生可以通过VR技术仿佛置身于英语国家的街头，与虚拟人物进行交流；或者利用AR技术在现实场景中看到与英语相关的虚拟元素，如单词、句子等。这种新奇的体验能够极大地激发学生对英语学习的兴趣和积极性，让他们更加主动地参与到学习中来。

（二）提供真实的语言环境

传统的中职英语教学往往缺乏真实的语言运用场景，而VR技术和AR技术可以模拟出各种真实的场景，如商务会议、旅游场景、学术讲座等。学生在这些逼真的环境中，能够更好地理解和运用英语，提高语言的实际运用能力。例如在模拟的商务会议中，学生可以练习用英语进行商务谈判、撰写邮件等。

（三）个性化学习体验

VR技术和AR技术可以根据每个学生的学习进度和能力，提供个性化的学习内容和练习。对于基础较弱的学生，可以提供更多的基础知识和简单的练习；对于能力较强的学生，则可以提供更具挑战性的任务和复杂的情境。例如，VR系统可以根据学生的口语水平，调整虚拟交流对象的语速和难度。

（四）提升听力和口语能力

通过VR技术和AR技术创造的沉浸式环境，学生能够听到更加地道、自然的英语发音，同时有更多机会进行口语表达和交流。例如，在AR英语角中，学生可以与虚拟的外教进行实时对话，及时得到发音和表达的纠正。

（五）增强记忆效果

生动、直观的场景和互动体验有助于学生更好地记忆单词、语法和句型。例如，通过VR技术参观一个虚拟的动物园，学生可以更轻松地记住各种动物的英文名称和相关描述。

（六）培养跨文化交际意识

VR技术和AR技术能够展示不同国家的文化、习俗和社会风貌，让学生在学习语言的同时，深入了解英语国家的文化背景，从而提高跨文化交际的能力。

例如，学生可以通过 VR 技术参加国外的节日庆典，感受文化差异。

综上所述，VR 技术和 AR 技术为中职英语教学带来了全新的可能性，能够显著提高教学效果和学生的学习体验。

二、VR 技术和 AR 技术在中职英语教学中的具体应用场景

VR 技术和 AR 技术在中职英语教学中的具体应用场景如下。

（一）虚拟语言实验室

利用 VR 技术可以创建一个完全虚拟的语言实验室环境。学生戴上 VR 设备，仿佛置身于一个真实的实验室中，周围有各种实验仪器和标识，上面均标有英文。他们可以通过与虚拟环境中的物品互动，学习相关的英语词汇和表述。例如，在进行化学实验的场景中，学生需要用英语阅读实验步骤、操作仪器并记录实验结果。

（二）英语角色扮演

通过 VR 技术或 AR 技术设置不同的场景，如餐厅、酒店、机场等。学生可以选择自己的角色，并与虚拟或增强的人物进行英语交流。例如在餐厅场景中，学生扮演顾客或服务员，用英语完成点餐、结账等交流过程。

（三）文化体验之旅

借助 VR 技术让学生“亲临”英语国家的著名景点、博物馆或传统活动现场。例如参观英国的大本钟、美国的自由女神像等，同时有虚拟导游用英语进行讲解，让学生在了解文化的同时提高英语听力和理解能力。

（四）英语故事场景重现

将英语故事中的情节通过 VR 技术或 AR 技术展现出来。学生可以成为故事中的角色，亲身经历故事的发展，更好地理解和记忆故事中的英语表达。例如在《小红帽》的故事中，学生可以扮演小红帽与狼进行对话。

（五）商务英语模拟场景

运用 VR 技术模拟商务谈判、商务会议等场景。学生在这样的环境中学习商务礼仪、专业术语的英语表达，并进行实际的交流和操作。例如，模拟一场国际商务合作的谈判，学生需要用英语进行方案阐述、问题讨论等。

（六）英语词汇学习

利用 AR 技术，在现实环境中叠加虚拟的英语单词和图像。例如，学生看到一本书，通过手机或平板的摄像头，会在书上显示出“book”这个单词以及相关的例句和解释。

(七)语法练习场景

VR 技术可以创建各种有趣的场景来帮助学生理解和练习语法。例如，通过一个虚拟的运动会场景，让学生用现在进行时描述运动员们的动作，如“The athlete is running.”。

(八)英语听说训练

设置虚拟的英语听说课堂，学生与虚拟的外教进行一对一的交流和对话，外教根据学生的表现给予及时的反馈和指导。

三、VR 技术和 AR 技术的未来发展趋势

(一)教学内容的创新

1. 个性化定制

根据学生的个体差异和学习需求，生成专属的学习内容，例如定制化的虚拟对话场景、个性化的词汇练习等。

2. 动态更新

教学内容能够实时反映社会和行业的最新变化，确保学生所学知识的实用性和时效性。

3. 跨学科融合

与其他专业课程相结合，例如商务英语与国际贸易课程的融合，通过虚拟场景进行模拟交易。

(二)教学模式的变革

1. 沉浸式学习成为主流

学生在沉浸式的虚拟环境中进行全方位的英语学习，包括听、说、读、写等各项技能的训练。

2. 远程协作与互动教学

借助网络，不同地区的学生可以在同一虚拟场景中协作学习，共同完成任务。

3. 自适应学习系统

根据学生在虚拟学习中的表现和数据反馈，自动调整教学进度和难度。

（三）应用领域的拓展

1. 职业场景模拟

针对不同专业的中职学生，提供与未来职业相关的英语学习场景，例如酒店服务、机械操作等。

2. 文化体验与交流

通过 VR 技术和 AR 技术，让学生亲身感受不同国家的文化习俗，促进跨文化交流能力的培养。

3. 特殊需求教育

为有特殊学习需求的学生，例如听力障碍、阅读障碍等，提供个性化的辅助学习方案。

（四）教师专业发展

1. 技术培训与提升

教师需要不断接受专业的 VR 技术和 AR 技术培训，掌握相关软件和工具的使用方法。

2. 教学设计创新

学会设计基于 VR 技术和 AR 技术的教学活动，充分发挥技术的优势，提高教学效果。

3. 合作与交流

教师之间加强合作与交流，分享成功的教学案例和经验，共同探索创新教学模式。

VR 技术和 AR 技术在中职英语教学中的深度融合具有广阔的发展前景。未来，随着技术的不断进步和教育理念的更新，我们有理由相信，这些技术将为中职英语教学带来更加丰富、高效和个性化的学习体验，推动中职英语教育迈向新的台阶。

第三节　大数据驱动的教学决策

随着信息技术的快速发展，教育领域也迎来了深刻的变革。在中职英语教学中，大数据的应用为教学决策提供了新的视角和方法。大数据驱动的教学决策能够依据海量的数据信息，更精准地了解学生的学习情况和需求，从而制定更有效的教学策略。

一、大数据的来源

(一)学习管理系统

学习管理系统是中职英语教学中数据的重要来源之一。它记录了学生在课程学习过程中的各种活动和表现，具体内容包括以下几点。

(1)学生的登录频率和时间，这可以反映出学生的学习积极性和参与度。

(2)作业提交情况，包括提交的时间、是否按时完成、作业的质量(如正确率、完成度等)。

(3)在线测试和考试的成绩，能够直观地展现学生对知识点的掌握程度。

(4)课程材料的访问记录，例如学生查看课件、教案、学习资料的次数和时长，有助于了解学生对不同教学内容的关注程度。

(二)在线学习平台

随着在线教育的发展，各种在线学习平台为中职英语教学提供了丰富的数据，具体内容包括以下几点。

(1)课程视频的观看记录，包括观看的时长、是否重复观看某些片段，能体现学生对特定知识点的理解难度。

(2)参与在线讨论和互动的情况，例如发言的次数、内容质量、与其他同学的交流互动频率等，反映了学生的思维活跃度和协作能力。

(3)在线练习和测验的结果，这些数据可以实时反馈学生的学习效果和知识漏洞。

(4)学生在平台上的学习轨迹，例如从哪个模块开始学习、学习的顺序和进度，有助于教师了解学生的学习偏好和习惯。

(三)语言学习软件

专门的语言学习软件也能产生大量有价值的数据，具体包含以下内容。

(1)听力练习中的表现，例如听力理解的正确率、对不同语速和口音的适应能力。

(2)口语练习的数据，包括语音语调的准确性、流利度、词汇运用的恰当性等，这些可以通过语音识别技术进行评估。

(3)词汇学习的记录，例如记忆的单词数量、遗忘曲线、对不同类型单词的掌握情况。

(4)阅读练习中的数据，例如阅读速度、理解程度、对不同体裁和主题文章的处理能力。

（四）课堂互动系统

在现代化的课堂中，使用的互动系统也能收集数据，具体内容包括以下几点。

（1）学生在课堂上的抢答、投票、提问等行为数据，反映了学生的课堂参与度和兴趣点。

（2）小组活动中的表现，包括团队协作情况、任务完成的效率和质量。

（五）学生学习设备

学生使用的个人学习设备，例如平板电脑、笔记本电脑等，也能提供相关数据，具体内容包括以下几点。

（1）应用程序的使用情况，了解学生是否使用了与英语学习相关的工具和软件。

（2）搜索记录，学生在网上搜索英语学习资料的关键词和频率，能反映出他们的学习需求和关注点。

综上所述，通过学习管理系统、在线学习平台、语言学习软件、课堂互动系统以及学生学习设备等多种渠道，我们可以获取丰富的大数据，为中职英语教学提供全面、深入地了解学生学习情况的依据，从而支持更有效的教学决策和个性化教学。

二、大数据驱动的教学决策的优势

（一）精准定位学生个体需求

大数据能够全面收集和分析每个学生在英语学习中的各种表现数据，包括课堂参与度、作业完成情况、测验成绩、学习时间分布等。通过对这些海量数据的深度挖掘，教师可以清晰地了解每个学生的学习特点、优势和薄弱环节。例如，有的学生可能在听力方面表现出色，但在写作上存在困难；有的学生语法掌握较好，但词汇量不足。基于这些精准的分析，教师能够为每个学生量身定制个性化的学习计划和辅导方案，真正做到因材施教，满足学生的个体需求，提高教学的针对性和有效性。

（二）实时监控教学效果

大数据可以实现对教学过程和学生学习情况的实时跟踪和监测。教师能够及时获取学生在每节课、每个单元甚至每个知识点上的学习反馈。例如，通过在线学习平台的数据，教师可以马上知道学生在某一练习题上的正确率，了解他们对某个语法点的理解程度。如果发现大部分学生在某个问题上出现错误或困惑，教师能够立即调整教学策略，进行重点讲解或补充练习，确保教学内容能够被学生有效吸收，及时优化教学效果。

（三）科学预测学习趋势

借助大数据的分析能力和算法模型，教师可以基于学生过去的学习数据来预测他们未来的学习趋势，这有助于提前发现潜在的学习问题，采取预防措施。例如，如果学生在近期的学习中表现出成绩下滑的趋势，或者在某些知识点的掌握上出现连续的困难，系统可以提前预警，教师能够及时介入，给予额外的辅导和支持，避免问题进一步恶化。同时，对于有潜力取得更大进步的学生，教师也可以提前为他们提供更具挑战性的学习任务，激发其学习动力和潜能。

（四）优化教学资源配置

通过对学生学习数据的分析，教师可以了解到不同教学资源的使用效果和受欢迎程度。例如，某些教材章节、教学视频或在线练习受到学生的高度关注和积极反馈，而有一些则使用频率较低或效果不佳。基于这些数据，教师可以对教学资源进行优化和调整，将更多的精力和资源投入效果显著的教学方法和材料上，提高教学资源的利用效率，为学生提供更优质、更贴合他们需求的学习资源。

（五）促进教学方法创新

大数据为教师提供了对教学实践的全面洞察，使他们能够发现传统教学方法中存在的问题和不足。教师可以根据数据反馈，尝试新的教学方法和手段。例如，如果数据显示学生在自主探究式学习中表现出更高的积极性和学习效果，教师可以增加此类教学活动的比例。或者，如果发现小组合作学习对于某个知识点的掌握特别有效，教师可以在后续的教学中更多地采用这种方式。大数据驱动的教学决策能够鼓励教师不断创新教学方法，以适应学生的学习特点和需求，提升教学质量。

（六）增强教学评估的客观性和全面性

传统的教学评估往往依赖于有限的考试成绩和教师的主观观察，大数据则可以提供更全面、客观和多维度的评估依据。除了学业成绩，还包括学生的学习行为、努力程度、进步幅度等，这使得教学评估更加准确和公正，能够更全面地反映学生的学习过程和成果。教师可以根据这些全面的评估结果，对教学目标和教学策略进行更合理的调整和优化。

综上所述，大数据驱动的教学决策在中职英语教学中具有显著的优势，能够帮助教师更精准地指导学生，提高教学效果，推动教学创新，为学生的英语学习提供更有力的支持。

三、大数据驱动的教学决策的应用

(一)个性化教学方案制定

通过对学生的学习数据进行分析，包括他们在课堂上的表现、作业完成情况、测验和考试成绩等，了解每个学生的英语水平和学习特点。例如，对于语法掌握较弱的学生，制订侧重语法讲解和练习的个性化学习计划；对于口语表达不流利的学生，安排更多的口语练习和对话活动。根据学生的具体需求，推送适合他们的学习资源，例如特定的语法教程、口语练习材料等。

(二)精准教学内容调整

分析学生在各类英语技能(听、说、读、写)方面的表现数据，确定教学的重点和难点。如果数据显示学生在听力理解方面普遍存在问题，增加听力训练的时间和难度级别；如果学生在写作中的语法错误较多，在教学中强化语法知识的讲解和应用练习。根据大数据反馈，及时调整教学内容的顺序和深度，以更好地满足学生的实际需求。

(三)动态学习进度安排

实时监测学生的学习进度和掌握程度，灵活调整教学的节奏。对于快速掌握知识点的学生，加快教学进度，提供拓展性的学习任务；对于学习较慢的学生，放慢节奏，进行有针对性的辅导和巩固练习。例如，利用在线学习平台的数据，发现某个学生在某一单元的学习中进展缓慢，应为其提供额外的辅导课程或补充练习，确保学生能够跟上整体教学进度。

(四)优化教学资源分配

依据学生对不同教学资源(如教材、多媒体资料、在线课程等)的使用频率和效果数据，合理分配和更新教学资源。如果大数据表明某种教材或在线课程不受学生欢迎或效果不佳，及时更换或改进；对于使用率高且效果好的资源，加大投入和推广。通过这种方式，提高教学资源的利用效率和教学效果。

(五)课堂活动设计改进

分析学生在课堂互动中的数据，如小组讨论的参与度、发言的质量和频率等，了解学生的兴趣点和参与积极性。根据这些数据改进课堂活动的设计，增加学生感兴趣和能够积极参与的活动形式。例如，数据显示学生在角色扮演活动中表现活跃且学习效果好，则可以增加此类活动的安排，以提高学生的学习兴趣和参与度。

（六）预测学业表现与干预

利用大数据建立预测模型，预测学生的学业表现和可能出现的学习困难，提前对可能出现成绩下滑或学习困难的学生进行干预，提供额外的支持和辅导。例如，在学期初通过分析学生的过往成绩和学习习惯数据，预测哪些学生可能在某个阶段遇到困难，提前与他们沟通并制定预防措施，帮助学生保持良好的学习状态。

（七）教学效果评估与反思

综合分析学生的平时表现、进步情况、期末成绩等多维度数据，对教学效果进行全面评估。根据评估结果反思教学方法和策略的有效性，为下一阶段的教学决策提供参考。例如，如果某个班级在经过一段时间的教学后，整体成绩提升不明显，通过大数据分析找出问题所在，如教学方法不适应、教学内容难度不当等，以便在后续教学中进行改进。

综上所述，大数据驱动的教学决策能够使中职英语教学更加精准、高效和个性化，从而提升教学质量，促进学生的英语学习效果和综合能力的发展。

四、大数据驱动的教学决策面临的挑战与应对策略

（一）挑战

1. 数据质量和准确性

数据可能存在错误、缺失或不一致的情况，影响决策的可靠性。例如，学生在在线学习平台上误操作导致的数据记录偏差。

2. 数据隐私和安全

收集和使用学生的学习数据涉及隐私问题，需要确保数据不被泄露或滥用。例如学生的个人信息、学习表现等数据若保护不当，可能会对学生造成不良影响。

3. 教师的数据素养

教师可能缺乏数据分析的知识和技能，难以有效地解读和利用大数据。部分教师可能不熟悉数据分析工具和方法，无法从海量数据中提取出有价值的信息。

4. 技术基础设施

学校可能缺乏足够的技术设备和网络支持来处理和存储大量的数据。例如，网络速度慢可能导致数据传输延迟，影响教学决策的即时性。

5. 数据过载

过多的数据可能导致教师难以筛选和聚焦关键信息，产生信息疲劳。教师可能被大量的数据淹没，无法快速准确地找到对教学决策真正有用的内容。

（二）应对策略

(1)建立数据质量管理机制，对数据进行定期审核和清理，确保数据的准确性和完整性。同时，设置数据验证环节，减少错误数据的产生。

(2)制定严格的数据隐私政策，采用加密技术保护数据，并对相关人员进行数据安全培训，确保数据的合法、安全使用。

(3)为教师提供数据素养培训，包括数据分析方法、工具的使用以及如何解读数据结果等。鼓励教师参加相关的培训课程和研讨会，提升他们的数据处理能力。

(4)学校加大对技术基础设施的投入，升级硬件设备，优化网络环境，确保大数据的流畅处理和存储。同时，建立技术支持团队，及时解决技术问题。

(5)开发智能数据分析工具，帮助教师筛选和突出关键数据，简化数据呈现方式。教师自身也需要学会设定明确的分析目标，避免被无关数据干扰。

通过认识并积极应对这些挑战，能够更好地发挥大数据在中职英语教学决策中的作用，提高教学质量和效果。

五、大数据驱动的教学决策未来发展的趋势

（一）更加个性化的教学

通过大数据分析学生的学习行为、兴趣和能力，教师可以更好地了解每个学生的需求，为他们提供个性化的学习计划和资源。

（二）实时反馈和调整

大数据可以实时收集学生的学习数据，教师可以根据这些数据及时调整教学策略，提供针对性的辅导和支持。

（三）智能化的教学辅助工具

基于大数据的人工智能技术将在教学中发挥更大的作用，例如智能辅导系统、自动化评估工具等，为学生提供更加智能化的学习体验。

（四）跨学科和综合性学习

大数据可以帮助教师发现不同学科之间的联系，促进跨学科和综合性的学习项目，培养学生的综合能力和创新思维。

（五）数据驱动的教育研究

大数据将为教育研究提供更多的数据支持，帮助研究者深入了解学生的学习过程和教学效果，推动教育理论和实践的发展。

（六）与职业教育的结合

中职英语教学将更加注重与职业教育的结合，通过大数据了解行业需求和就业趋势，调整教学内容和培养方向，提高学生的职业竞争力。

（七）全球化的教育资源共享

大数据技术将促进教育资源的全球化共享，学生可以通过在线平台获取来自不同地区和学校的优质教学资源。

（八）教师角色的转变

教师将更多地扮演引导者和促进者的角色，利用大数据指导学生的学习，培养他们的自主学习能力和数据分析能力。

为了更好地应对这些发展趋势，中职英语教师需要不断提升自己的数据分析能力和信息技术素养，学校也需要加强对大数据技术的支持和投入，建立完善的数据管理和分析体系。同时，教育政策制定者和研究者应关注大数据在教育领域的应用，制定相关政策和指导方针，促进大数据驱动的教学决策的有效实施。

第四节　信息技术支持下的中职英语教学的发展趋势

随着信息技术的迅速发展，教育领域正经历着深刻的变革。在中职教育中，英语教学作为培养学生综合语言能力和跨文化交际能力的重要环节，也受到了信息技术的显著影响。探讨信息技术支持下的中职英语教学的发展趋势，对于提高教学质量、促进学生全面发展具有重要意义。

一、个性化学习与自适应学习的内涵

（一）个性化学习

个性化学习在信息技术支持的中职英语教学中强调关注每个学生的独特特征和需求。

首先，它体现在学习目标的个性化设定上。它不再是为所有学生设定统一的学习目标，而是根据学生的初始英语水平、职业发展方向以及个人兴趣来制订具体且有针对性的目标。例如，对于未来从事旅游服务行业的学生，其学习目标可能侧重旅游相关的英语交流技能；而对于有意向进入机械制造领域的学生，重点可能在于掌握专业术语和技术文档的阅读。

其次，学习内容的个性化选择是关键。借助信息技术，教学资源得以丰富和多样化。学生可以根据自己的需求从大量的英语学习材料中挑选适合自己的部分，例如特定主题的阅读材料、个性化的听力练习或者与专业相关的写作任务。

再次，学习方法的个性化适配也十分重要。不同学生具有不同的学习风格，有的擅长通过视觉方式学习，例如观看视频、图片等；有的则更倾向于听觉输入，例如听英语广播、讲座。信息技术能够提供多种学习途径和工具，以满足这些不同的学习偏好。

最后，个性化学习还包括学习进度的自主安排。学生可以根据自己的时间和精力，灵活决定在某个知识点或技能上投入的时间和精力，不必受到统一教学进度的限制。

（二）自适应学习

自适应学习主要依靠信息技术对学生学习过程中的数据进行实时收集和分析。

一方面，通过监测学生在学习平台上的活动，例如答题的准确率、完成作业的时间、参与讨论的活跃度等，系统能够准确评估学生对当前所学知识的掌握程度。

另一方面，基于这些评估数据，学习系统能够自动调整后续的学习内容和难度。如果学生在某个知识点上表现出色，系统会推送更具挑战性的内容，以促进其进一步提升；反之，如果学生在某些方面遇到困难，系统会提供更多的解释、示例和基础练习，帮助其巩固和理解。

此外，自适应学习还体现在对学习路径的动态优化上。根据学生的学习情况和进步速度，系统可以为其规划出最适合的学习顺序和步骤，避免学生在不必要的内容上浪费时间，提高学习效率。

总的来说，在信息技术支持下，中职英语教学中的个性化学习注重满足每个学生的独特需求，而自适应学习则通过技术手段实现对学生学习过程的实时响应和调整，两者共同作用，旨在为学生提供更加高效、贴合自身情况的学习体验。

二、个性化学习与自适应学习的优势

（一）提升学习效果和效率

个性化学习使教学能够精准地针对每个学生的薄弱环节和优势领域展开进

行。例如，对于语法薄弱的学生，可以提供更多强化语法练习的资源；对于口语较好的学生，侧重提供更复杂的口语交流场景。自适应学习根据学生实时的学习表现动态调整教学内容和难度，避免学生在已经掌握的知识上浪费时间，或者不至于因为难度过高而感到挫败，从而更有效地利用学习时间，提高学习效率。

（二）增强学习动机和兴趣

当学生感受到学习是根据自己的需求和特点定制的，他们会感到被重视和理解，从而提升内在的学习动机。信息技术可以根据学生的兴趣爱好推送相关主题的英语学习资料，例如喜欢动漫的学生可以获得与动漫相关的英语内容。这种与个人兴趣的紧密结合能够让学生更积极主动地投入学习，将学习视为一种满足自身需求的活动，而不是被动的任务。

（三）促进自主学习能力

个性化学习和自适应学习给予学生更多的自主选择和控制学习过程的机会。学生需要根据系统的反馈和建议来调整自己的学习策略，这有助于培养他们的自我管理和决策能力。例如，学生可以根据系统提示自主决定是否需要重复某个知识点的学习，或者选择先攻克哪个部分的内容。这种自主学习能力的培养对学生的终身学习具有重要意义。

（四）实现精准评估和及时反馈

信息技术能够实时收集和分析学生的学习数据，为教师和学生提供更精准的学习评估。教师可以清晰地看到每个学生在各个知识点和技能上的具体表现，而不是仅仅依靠传统的考试成绩来判断。学生也能及时收到关于自己学习情况的详细反馈，了解自己的进步和不足，及时调整学习策略。

（五）满足多元化学习需求

中职学生的英语基础、学习风格和未来职业规划各不相同。个性化与自适应学习能够照顾到这些差异，为不同起点和目标的学生提供最适合他们的学习路径。无论是准备升学继续深造的学生，还是即将步入职场的学生，都能获得符合自身发展需求的英语教育。

（六）适应个体学习节奏

每个学生都有自己独特的学习节奏。有些学生可能吸收知识较快，而有些学生需要更多的时间来理解和掌握。自适应学习系统能够根据学生的学习速度调整教学进度，确保每个学生都能在舒适的节奏下充分理解和掌握知识，避免因进度过快或过慢导致的学习压力或学习动力不足。

（七）提高教学资源的利用率

通过精准推送学习资源，避免了学生在大量不相关、过于简单或过于困难的资源中盲目搜索，使得教学资源能够更有效地被利用。同时，根据学生的实际需求优化资源配置，也能提高资源开发的针对性和质量。

综上所述，信息技术支持下的个性化学习与自适应学习在中职英语教学中具有多方面的显著优势，能够极大地提升教学质量，促进学生的全面发展和英语能力的有效提升。

三、个性化学习与自适应学习的实现方式

（一）学习分析与数据挖掘

通过收集学生在学习过程中的各种数据，如作业完成情况、测试成绩、在线学习平台的活动记录（包括学习时间、点击的课程模块、参与的讨论等）、口语和听力练习的表现等，运用数据分析技术和算法，挖掘出学生的学习模式、偏好、强项和薄弱点。例如，通过数据发现某个学生在语法选择题上表现出色，但在写作中频繁出现语法错误，这就为个性化学习和自适应教学提供了明确的方向。

（二）智能学习管理系统

利用先进的学习管理系统，为学生创建个性化的学习路径。系统可以根据学生的初始评估结果和学习目标，自动安排课程内容和学习活动的顺序。例如，对于基础较弱的学生，先推送基础语法和词汇的课程；对于有一定基础的学生，优先提供阅读和写作技巧的训练。同时，学习管理系统能够根据学生的实时学习进度和表现，动态调整后续的学习任务和难度。

（三）自适应学习软件和应用

开发专门的自适应学习软件，这些软件能够根据学生的回答情况及时调整问题的难度和类型。例如，在词汇练习中，如果学生连续正确回答了简单词汇的测试，软件会自动提升词汇的难度；如果回答错误较多，会提供更多的解释和类似的练习题目。在听力和口语训练中，通过语音识别技术评估学生的发音和表达，然后针对性地给出改进建议和进一步的练习。

（四）个性化学习资源推荐

基于学生的学习数据和兴趣偏好，利用推荐算法为学生推送适合的学习资源，包括电子教材、视频教程、在线课程、练习题、英语学习游戏等。例如，如果学生对商务英语感兴趣，系统会推荐相关的商务场景对话、商务写作模板

等资源。

（五）虚拟学习环境和角色扮演

借助虚拟现实技术和增强现实技术创建虚拟的英语学习环境，让学生在模拟的真实场景中进行个性化的学习和实践。例如，为旅游专业的学生创建国外旅游景点的虚拟场景，让他们用英语进行导游讲解；为酒店服务专业的学生构建酒店接待的虚拟情境，让他们进行英语交流练习。

（六）定制化评估与反馈

不再采用统一标准的评估方式，而是根据每个学生的学习进度和目标制订个性化的评估标准和测试内容。评估结果能够为学生提供详细的反馈报告，指出具体的优势和需要改进的方面，并提供相应的学习建议和进一步的学习计划。

（七）移动学习终端的应用

通过手机、平板电脑等移动设备上的学习应用程序，学生可以随时随地进行学习。这些应用可以根据学生在不同设备上的学习行为和时间，调整学习内容的呈现方式和推送时间，以适应学生的碎片化学习需求。

（八）社交学习平台和互动交流

建立在线社交学习平台，让学生可以与同学、教师甚至英语母语者进行交流和互动。学生可以在平台上创建自己的学习小组，根据共同的兴趣和学习目标进行合作学习和互相监督。同时，教师可以通过平台及时了解学生的学习动态和需求，提供个性化的指导和支持。

通过以上多种方式的综合运用，信息技术能够有效地支持中职英语教学中的个性化学习与自适应学习，为学生提供更符合其个体需求和能力的学习体验，从而提高学习效果和英语应用能力。

四、实际案例分析

以某中职学校为例，该学校引入了个性化学习与自适应学习的英语学习平台。通过一段时间的应用，教师发现学生的学习积极性明显提高，平均成绩有了显著提升。具体表现为基础薄弱的学生在基础知识的巩固上取得了明显进步；有一定基础的学生在拓展性学习方面有了更多的收获。

信息技术支持下的个性化学习与自适应学习在中职英语教学中具有巨大的潜力。虽然面临一些挑战，但通过合理的规划、投入和努力，可以充分发挥其优势，为中职英语教学带来创新和变革，更好地满足学生的个性化学习需求，提高教学质量和效果。

第五节　跨学科融合

随着社会对人才素质要求的不断提高，跨学科教育在中职教育中的地位日益凸显。在信息技术迅速发展的背景下，将跨学科融合引入中职英语教学，不仅能够丰富教学内容，还能提高学生的学习兴趣和综合能力。

一、跨学科融合的重要性

（一）培养综合职业能力

在当今竞争激烈的就业市场中，中职学生需要具备综合的职业能力才能脱颖而出。跨学科融合能够将英语与其他专业学科知识相结合，使学生在学习英语的同时，也能提升在其专业领域内运用英语的能力。例如，对于计算机专业的学生，通过融合学习，他们不仅能掌握计算机领域的专业英语词汇和表达方式，还能学会用英语进行程序编写说明、故障描述等，从而提高在实际工作中解决问题的能力。

（二）增强知识的实用性

传统的中职英语教学往往侧重语法和词汇等基础知识，与实际工作场景和专业需求结合不够紧密。跨学科融合能够让英语知识在特定的学科背景中得到应用，使学生切实感受到英语的实用性。例如，商务英语专业的学生在学习国际贸易课程时，运用英语进行合同起草、商务谈判，这样的融合让英语学习不再是孤立的语言练习，而是解决实际商务问题的工具。

（三）激发学习兴趣和主动性

当英语学习与学生所学的专业学科相关联时，能够极大地激发他们的学习兴趣。因为这种融合直接关系到他们未来的职业发展和个人兴趣领域，学生会更有动力去学习和掌握。信息技术的支持可以通过丰富多样的多媒体资源、互动式的学习软件等方式，将跨学科的内容以更生动、有趣的形式呈现给学生，进一步提高他们的参与度和积极性。

（四）适应行业发展的需求

随着各行业的国际化程度不断提高，跨学科的知识和技能成为行业发展的必备条件。以旅游行业为例，导游不仅需要了解各地的历史文化、地理风貌等知识，还需要具备流利的英语交流能力，为外国游客提供优质服务。信息技术支持下的跨学科融合能够使中职英语教学紧跟行业发展的最新趋势，培养出符合行业需求的高素质人才。

（五）促进学科之间的相互理解和知识迁移

跨学科融合有助于打破学科之间的壁垒，让学生认识到不同学科之间的相互关系和相互作用。在学习英语的过程中运用其他学科的知识，同时也能将英语学习的方法和策略迁移到其他学科的学习中，从而提高整体的学习效果和思维能力。例如，在学习科技英语时，运用物理、化学等学科的知识来理解专业文献，同时也能将英语阅读和写作的技巧应用到这些学科的学习报告中。

（六）培养创新思维和解决复杂问题的能力

跨学科的学习环境往往会面临更为复杂和真实的问题，需要学生整合不同学科的知识和方法来解决。这一过程能够培养学生的创新思维和解决复杂问题的能力。例如，在一个涉及工程技术和市场营销的英语项目中，学生需要从技术原理、市场需求、英语表达等多个角度进行思考和协作，从而提出创新性的解决方案。

二、信息技术支持下的跨学科融合的实施途径

（一）课程整合

1. 与专业课程结合

例如，针对旅游专业，设计英语导游词撰写和讲解的教学内容；针对机械专业，引入专业英语词汇和文献阅读。

2. 与人文社科课程融合

结合历史、地理等知识，拓展英语文化背景的学习。

（二）项目式学习

1. 跨学科项目设计

组织学生参与涉及多学科知识的项目，例如制作英语科普视频，涵盖科学知识和英语表达。

2. 在线协作平台

利用信息技术搭建在线协作平台，方便学生在项目中进行跨学科交流与合作。

（三）多媒体资源利用

1. 学科相关的影视资源

播放与专业相关的英语影视作品，进行听力和口语训练。

2. 在线学习资料库

建立包含各学科英语资料的数据库，供学生自主学习和探究。

（四）虚拟实践教学

1. 模拟职业场景

通过虚拟现实技术创建职场英语交流的虚拟场景，例如商务谈判、客户服务等。

2. 跨学科问题解决模拟

让学生在虚拟环境中运用多学科知识解决英语语境下的实际问题。

三、信息技术支持下的跨学科融合的案例分析

（一）案例介绍

以某中职学校电子商务专业为例，该学校开展“跨境电商英语”课程，将英语、电子商务和国际贸易等学科知识融合。

（二）实施过程

（1）利用在线教学平台提供丰富的学习资源，包括英文商品介绍、贸易合同模板等。

（2）组织学生通过视频会议与国外客户进行模拟商务沟通。

（3）运用数据分析软件评估学生在跨学科学习中的表现。

（三）效果评估

（1）学生的英语应用能力显著提高，能够熟练处理跨境电商业务中的英语交流。

（2）增强了学生对专业知识的理解和运用，提升了综合职业能力。

信息技术为中职英语教学中的跨学科融合提供了有力支持，为学生创造了更丰富、更具实用性的学习体验。通过跨学科融合，能够更好地培养学生的综合能力和职业素养，为他们的未来发展奠定坚实基础。然而，在实施过程中需要克服诸多挑战，需要学校、教师和学生共同努力，不断探索和创新，以实现跨学科融合的最佳效果。

第六节　全球教育合作与资源共享

随着信息技术的飞速发展，全球教育领域正在经历深刻的变革。在中职英语教学中，利用信息技术实现全球教育合作与资源共享已成为一种必然趋势，为学生提供了更广阔的学习空间和更丰富的学习资源。

一、全球教育合作与资源共享的重要性

（一）丰富教学资源

通过全球教育合作，可以获得来自不同国家和地区的丰富教学资源，包括教材、课件、教学案例等。这些资源可以为中职英语教学提供更多的选择和参考，使教学内容更加丰富多样。

（二）拓宽学生视野

全球教育合作与资源共享可以让学生接触到不同国家和文化的英语学习资源，拓宽他们的国际视野，培养跨文化交流能力。

（三）提升教学质量

与其他教育机构和教师进行合作，教师之间可以分享教学经验和教学方法，互相学习和借鉴，从而提升中职英语教学的质量和水平。

（四）促进教师专业发展

参与全球教育合作项目，教师可以与国际同行进行交流和合作，了解最新的教学理念和技术，不断提升自己的专业素养和教学能力。

（五）培养学生的全球竞争力

在全球化的背景下，具备良好的英语能力和跨文化交流能力对于学生的未来发展至关重要。通过全球教育合作与资源共享，学生可以更好地适应全球化的社会和职场环境，提高自己的全球竞争力。

二、全球教育合作与资源共享的形式

（一）远程协作教学

1. 同步课堂

通过视频会议技术，实现国内外中职学校之间的实时课堂连接。双方教师可以共同授课，学生也能同步参与互动。例如，中国的中职英语课堂与美国的

课堂连线，共同学习商务英语谈判的内容，由中美教师分别讲解本国商务谈判的特点和技巧。这种形式不仅能让学生感受到不同教师的教学风格，还能促进文化交流和语言实践。

2. 异步教学合作

合作学校的教师提前录制教学视频，分享给对方学校。学生根据自己的时间观看，并在在线平台上进行讨论和交流。

例如，英国的教师录制关于英国文学的课程视频，中国中职学生在课后观看并与英国学生在线交流读后感。

（二）在线学习社区与平台

1. 专业学习社区

利用社交媒体或专门的教育平台，创建中职英语学习社区。全球的中职英语教师和学生可以加入，分享教学心得、学习经验、学习资源等。

例如，在某个学习社区中，教师们分享自己设计的英语教学游戏，学生们则交流英语学习的困难和解决方法。

2. 资源共享平台

建立专门的资源共享网站或平台，汇集全球各地的优质中职英语教学资源，包括教材、课件、试题、教学案例等。教师和学生可以根据需要自由下载和使用。

例如，在一个资源平台上，能够获取到来自德国的职业英语教材，以及来自澳大利亚的英语教学课件。

（三）跨国教育项目与竞赛

1. 国际教育项目

让学生参与由国际组织或教育机构发起的中职英语教育项目。这些项目通常有明确的主题和目标，如提高学生的跨文化交际能力、培养特定职业领域的英语技能等。

例如，参与联合国教科文组织发起的“全球职业英语素养提升项目”，通过一系列的课程和实践活动，提高学生在全球职场中的英语沟通能力。

2. 国际竞赛

组织学生参加国际性的中职英语竞赛，如英语演讲比赛、写作比赛、翻译比赛等。这种形式不仅能激发学生的学习积极性，还能让他们与全球的同龄人竞争和交流。

例如，参加“全球中职生英语演讲大赛”，学生在准备比赛的过程中，能够借鉴各国选手的优秀表现，提升自己的英语表达和思维能力。

（四）虚拟交换生项目

1. 短期虚拟交换

学生在一段时间内，通过在线方式参与国外中职学校的课程和活动，体验不同的教学方法和文化。

例如，中国学生在一个月内，每天通过网络参与澳大利亚中职学校的英语课程和校园活动。

2. 长期虚拟交换

类似于传统的交换生项目，但通过信息技术实现长期的学习和交流。学生可以在整个学期或学年内，与国外伙伴学校的学生同步学习课程，并进行定期的交流和汇报。

（五）联合科研与课程开发

1. 科研合作

国内外中职院校的教师共同开展关于英语教学方法、课程设计、评价体系等方面的科研项目。通过合作研究，探索更有效的教学模式和策略。

例如，针对信息技术在中职英语教学中的应用效果进行联合研究，发表学术论文。

2. 课程联合开发

合作双方共同设计和开发具有国际视野和特色的中职英语课程。结合各国的职业教育需求和文化背景，打造融合性的课程内容。

例如，开发一门“国际旅游英语”课程，融合中国的旅游文化和欧美国家的旅游服务规范。

三、实现全球教育合作与资源共享采取的措施

（一）加强国际交流与合作

中职学校可以与国外的教育机构建立合作关系，开展学生交流、教师互访、合作办学等项目，促进双方的教育合作与资源共享。

（二）利用在线教育平台

利用互联网和在线教育平台，共享优质的英语教学资源，开展远程教学和合作学习活动。

（三）组织教师培训和研讨会

组织教师参加国际教育研讨会和培训活动，提升教师的国际视野和教学能力。

（四）鼓励学生参与国际交流活动

鼓励学生参加国际英语竞赛、文化交流活动等，提高学生的英语水平和跨文化交流能力。

（五）建立资源共享机制

建立教学资源共享平台，方便教师和学生获取和分享教学资源。

总之，全球教育合作与资源共享对于信息技术支持下的中职英语教学具有重要意义，可以丰富教学资源、拓宽学生视野、提升教学质量、促进教师专业发展、培养学生的全球竞争力。中职学校和教师应积极采取措施，加强国际交流与合作，实现教育资源的共享和优化配置。

主要参考文献

[1]杨林. 基于信息化技术的英语教学研究[M]. 长春：吉林人民出版社，2023.

[2]李玉华，魏薇. 信息技术及应用英语教程[M]. 西安：西安交通大学出版社，2023.

[3]张菡. 互联网时代英语教学与信息技术的融合应用[M]. 北京：中国书籍出版社，2023.

[4]杨宁，杨莹. “互联网＋”背景下信息技术与英语教学的深度融合[M]. 长春：吉林摄影出版社，2022.

[5]王国礼，缪青青. “互联网＋教育”背景下的中学英语教学与信息技术应用[M]. 西安：西安交通大学出版社，2022.

[6]王森. “互联网＋”背景下信息技术与英语教学的深度融合[M]. 长春：吉林出版集团股份有限公司，2022.

[7]陈正伦，汤平. 基于信息技术的英语教与学[M]. 重庆：重庆大学出版社，2022.

[8]韩佳玲. 信息技术背景下英语互动教学模式研究[M]. 北京：中国纺织出版社有限公司，2022.

[9]黄岚. 基于现代信息技术背景下的英语教学发展研究[M]. 长春：吉林出版集团股份有限公司，2022.

[10]付安权. 信息技术与外语教育：理论和实践[M]. 南宁：广西教育出版社，2021.

[11]曹鹤鸣，戴晓燕. 中职英语教学评价与信息技术[M]. 杭州：浙江工商大学出版社，2021.

[12]曾宇钧. 信息技术背景下的英语翻译与教学实践[M]. 北京：海洋出版社，2021.

